영적 자존심을
회복하라

영적 자존심을 회복하라

지은이 김학중
펴낸이 안용백
펴낸곳 (주)도서출판 넥서스

초판 1쇄 발행 2010년 7월 25일
초판 2쇄 발행 2010년 7월 30일

출판신고 1992년 4월 3일 제311-2002-2호
121-840 서울시 마포구 서교동 394-2
Tel (02)330-5500 Fax (02)330-5555
ISBN 978-89-6000-925-7 03230

저자와 출판사의 허락 없이 내용의 일부를 인용하거나
발췌하는 것을 금합니다.

저자와의 협의에 따라서 인지는 붙이지 않습니다.

가격은 뒤표지에 있습니다.
잘못 만들어진 책은 구입처에서 바꾸어 드립니다.

www.nexusbook.com
넥서스CROSS는 (주)도서출판 넥서스의 기독 브랜드입니다.

당당한 그리스도인으로 사는 비결

영적 자존감을 회복하라

김학중 지음

넥서스CROSS

저자의 말

그리스도인의
성공 방식을 따르라

성공이라는 단어는 쉽게 말할 수 있지만 실제로 성공을 이루기는 어렵다. 그리고 성공의 의미가 왜곡되는 경우도 많다. 예를 들면 명예와 권력과 물질만을 성공의 기준으로 인정하는 것이다. 과연 그것이 성공의 전부일까? 적어도 그리스도인이라면 달라야 한다.

"인생은 한 방이다"라는 말이 있다. 세상 돌아가는 현상을 보면 그 말이 맞을 수도 있다. 그러나 한 방에 인생의 승부를 거는 것은 도박꾼의 심보이다. 경마장 또는 카지노에서나 통용되는 말이다. 일상생활을 그런 마음가짐으로 사는 것은 위험한 일이다. 그것은 결코 참된 성공 방식이 될 수 없다.

그렇다면 하나님 앞에서 진정한 성공이란 무엇일까? 어떻게 하면 성공에 대한 집착과 불안감에서 벗어날 수 있을까? 그리스도인의 성공 비결을 알 때, 우리는 세상적 성공을 좇는 삶에서 자유함을 누릴 수 있다. 그리스도인의 진짜 성공 비결은 한마디로 '영적 자존심을 회복하는 것'이다. 세상 앞에 당당해지는 것이다. 사회적으로 부와 명예를 누리고 있다고 해도 그리스도인임을 부끄럽게 여기거나 당당하게 밝히지 못한다면 그것은 이중적인 삶이다. 이와 같이 영적 자존심이 없는 인생은 하나님이 기뻐하지 않으시는 실패에 가까운 삶이다.

어느 날 강의하러 다니는 학교 근처에 유명한 설렁탕집이 있다는 소문을 듣고 찾아갔다. 젊었을 때에는 즐겨 먹지 않았는데 목회를 시작하면서 맛을 들여 요즘은 즐겨 먹는다. 식당에 들어서자 구수한 냄새가 코끝을 간질이고 오래된 나무 문에서 시골 할머니의 향취가 묻어났다. 과연 설렁탕의 자존심은 그 맛에서 나타났다. 깊게 우려낸 국물을 한 수저 떠서 맛을 보았는데, 곰국 특유의 비릿한 맛이 나지 않으면서 맛깔스럽고 산뜻했다.

너무나도 맛이 있어서 호기심으로 주방을 살짝 들여다보았는데 놀랍게도 세제가 아닌 밀가루로 설거지를 하고 있었다. 이유인즉, 설거지하기 편하자고 세제를 사용하면 뚝배기 표면의 미세한 구멍에 세제가 남게 되고, 이로 인해 전통적인 설렁탕 맛이 나지 않기 때문이라고 했다. '과연 이것이 자존심이구나' 하는 생각이 들었다. 남들이 보든 보지 않든 자신만의 경영 철학으로 식당을 운영하고 있는 그 자존심에 절로 고개가 숙여졌다.

그리스도인들도 이 정도의 자존심은 가져야 하지 않을까? 아니 적어도 식당 주인보다는 더 높은 차원의 영적 자존심을 세워가야 하지 않을까? 누가 보든 보지 않든 관계없이 하나님의 사람으로서의 정체성을 지킬 수 있어야 한다. 그리스도인으로서의 영적 자존심, 누가 뭐라고 해도 '나는 하나님의 자녀'라는 자존심, 하나님의 백성으로서의 자존심. 이것을 간직한 사람이야말로 진정한 성공자라고 단언한다.

그리스도인의 성공은 분명 세상의 성공과 다르다. 세상은 부와 명예를 좇아야 성공할 수 있다고 부추기지만 하나님 나라의 백성에게 잠깐의 부요함은 큰 의미가 없다. 그러므로 우리는 세상의 성공 방식이 아니라 그리스도인으로서의 성공 방식을 따라야 한다. 그것이 하나님 나라의 삶을 준비하는 현명한 선택이다. 이 성공 방식을 따르면 결국 승리하는 인생을 살 수 있다.

그리스도인으로서 성공을 꿈꾼다면 새로운 도전에 직면할 수 있어야 한다. 더 이상 세상 문화에 끌려가지 말고 오히려 바른 길을 제시해야 한다. 앞으로 세상을 다스리고, 세상을 바꾸어가는 영향력 있는 그리스도인이 많아지기를 소망해본다.

하나님이 계획하신 당신의 인생이 어떤 모습인지 돌아보아야 한다. 그분의 뜻하심 안에서 무엇이든지 도전할 수 있다. 더 이상 세상 사람의 눈치를 보며 올바른 선택을 망설이지 마라. 이 책을 읽는 모든 사람이 영적 자존심을 회복하고 당당한 그리스도인으로 거듭나기를 기대한다.

김학중 목사

차례

저자의 말 ··· 4

건강한 자아상을 만들라

CHAPTER 01 세상과 구별된 삶을 살라 ··· 13
CHAPTER 02 올바른 자아상을 가지라 ··· 27
CHAPTER 03 자기 정체성을 바로 세우라 ··· 45
CHAPTER 04 섬김으로 세상을 변화시키라 ··· 61

행복한 인생을 가꾸라

CHAPTER 05 진정한 행복을 누리라 ··· 77
CHAPTER 06 그럼에도 불구하고 기뻐하라 ··· 95
CHAPTER 07 당당한 웃음을 회복하라 ··· 113

영적 자존심을
회복하라

확고한 믿음을 세우라

CHAPTER 08 생각을 변화시키라 ⋯ 129
CHAPTER 09 환경을 다스리라 ⋯ 143
CHAPTER 10 내 안의 능력을 이끌어내라 ⋯ 157
CHAPTER 11 한계를 넘어서라 ⋯ 171

하나님의 말씀을 성취하라

CHAPTER 12 생명을 살리는 믿음을 가지라 ⋯ 189
CHAPTER 13 하나님의 약속을 굳게 붙들라 ⋯ 203
CHAPTER 14 후회 없는 인생을 설계하라 ⋯ 219

영적
자존감을
회복하라

PART 1
건강한 자아상을 만들라

세상이 어두울 때일수록 그리스도인은 세상 사람들에게 거룩한 영향을 미칠 수 있어야 합니다. 아무리 상황이 복잡하고 불투명해도, 예수 믿는 내가 비관하지 않으면 내 주변의 세상 사람들도 비관하지 않을 것입니다. 왜냐하면 하나님의 자녀들이 이 사회를 지탱하는 튼튼한 보루이기 때문입니다.

우리 곧 나와 실루아노와 디모데로 말미암아 너희 가운데 전파된
하나님의 아들 예수 그리스도는 예 하고 아니라 함이 되지 아니하셨으니
그에게는 예만 되었느니라 하나님의 약속은 얼마든지 그리스도 안에서 예가 되니
그런즉 그로 말미암아 우리가 아멘 하여 하나님께 영광을 돌리게 되느니라
우리를 너희와 함께 그리스도 안에서 굳건하게 하시고
우리에게 기름을 부으신 이는 하나님이시니
고후 1:19~21

CHAPTER

01

세상과 구별된 삶을 살라

기독교의 시작부터 사탄은 하나님의 복음이 전파되는 것을 방해하기 위해 수단과 방법을 가리지 않고 인간을 도구로 사용해서 기독교를 비판해왔습니다. 기독교를 비판한 최초의 책은 셀서스가 쓴 《진실한 담화》라는 책입니다. 2세기에 쓰인 이 책에는 기독교인들을 비판하는 다음과 같은 글이 있습니다.

"그들은 논리와 상식을 벗어난 사람들이다. 그들은 인사도 나누기 전에 사랑하며 알지도 못하면서 사랑한다."

셀서스는 나름대로 강한 어조로 당시 기독교를 비판하고 있는데 이 글은 오히려 초대교회의 성도들이 사랑을 얼마나 잘 실천하고 있었는지 강력하게 증명하는 글이 되고 있습니다. 초대교회 때 그리스도인은 세상 사람들과 달랐습니다. 정말 아름답고 모범이 되는 모습을 보였기에 세상 사람들의 비난도 알고 보면 칭찬이었습니다. 얼마나 세상과 구별된 삶을 살았으면 가장 강도 높은 비난 내용이 오히려 칭찬하는 내용이 되었겠습니까.

그러나 오늘날 우리가 직면한 고민 중의 하나는 그리스도인이 세상 사람과 별로 다른 점이 없다는 것입니다. 이것은 대단히 심각한 문제입니다. "믿는 사람이 다르긴 뭐가 달라! 그런 순진한 소리는 집어치우라고. 오히려 믿는 사람이 더하다니까." 이런 소리를 들으면 같은 믿는 사람으로서 얼굴을 들 수가 없습니다. 심지어 그리스도인 가운데도 "아무리 예수를 믿어도 세상을 살아가려면 세상 사람들과 같아야지, 달라가지고야 어디 발이나 붙일 수 있는 줄 아시오?" 하며 나름대로의 지론을 펴는 사람이 꽤 많습니다. 그러나 이것은 하나님의 말씀을 정면으로 부인하는 무모한 행동입니다.

하나님은 사탄과 철저하게 다른 분이십니다. 마찬가지로 하나님의 자녀인 우리도 세상 사람과 철저하게 달라야 합니다. 고린도후서 6장 15절은 "그리스도와 벨리알이 어찌 조화되며 믿는 자와 믿지 않는 자가 어찌 상관하며"라고 말씀합니다. 예수 그리스도와 세상의 신인 벨리알이 조화를 이루는 것은 불가능합니다. 이처럼 믿는 자와 믿지 않는 자는 서로 구별될 수밖에 없습니다. 그리스도인 한 사람 한 사람은 세상 사람과 근본적으로 다른 존재입니다. 그렇다면 우리는 어떤 점에서 그들과 달라야 할까요?

첫째, 신뢰할 수 있는 사람이어야 한다

바울은 고린도교회에 보내는 편지에서 "고린도 교인들이여, 당신들은 나를 신뢰할 만하다고 생각해야 합니다. 왜냐하면 내가 믿는 하나님이 신실한 분이시기 때문입니다"(고후 1:18)라고 말합니다. 바울은 자신을 신뢰할 만하다고 말한 이유가 자신이 믿는 하나님이 신실하시기 때문이라고 이야기합니다. 절대 자신의 능력이 뛰어나거나 자신이 정직해서 또는 성실해서라고 말하지 않습니다. 자신이 믿는 하나님이 신실하시기에 그로 인해 자신도 신뢰할 만하다고 이야기하고 있는 것입니다.

사실 모든 인간은 어떤 조건을 들어 자신이 신뢰할 만하다고 말할 수 있는 존재가 아닙니다. 예레미야 17장 9절은 "만물보다 거짓되고 심히 부패한 것은 마음"이라고 말씀합니다. 정도의 차이는 있을지 몰라도 사람은 그 누구도 믿을 수 없는 존재입니다. 그렇다면 바울도 마찬가지입니다. 그래서 바울은 "내가 이렇게 잘난 사람이요, 그러니 나를 믿어주시오"라고 말하지 않았습니다. 바울은 사람들이 하나님을 바라보게 만들었습니다. 자기가 믿는 하나님이 미쁘시기 때문에 자기도 신뢰할 만하다고 말했던 것입니다.

사실 하나님이 신실하신 분이라는 사실을 의심하는 사람은 아무도 없습니다. 그분은 절대 이랬다저랬다 하시는 분이 아니기 때문입니다. 겉과 속이 다르신 분이 아닙니다. 하나님은 언제나 확실하신 분입니다. 한 입으로 '예'와 '아니오' 두 말을 하지 않으시는 분입니다. 한 번 "그래" 하시면 끝까지 지키십니다. 하나님은 우리에게 유익하지 않은 것에 대해서는 단호하게 "안 돼"라고 말씀하시지만, 우리에게 도움이 된다고 생각하시는 일은 무엇이든지 "좋다"라고 하시는 분입니다.

성경에는 하나님의 약속이 7,500여 가지나 기록되어 있습니다. 하나님은 그중에서 하나라도 소홀히 다루시거나 어기신 적이 없습니다. 여호수아는 임종을 앞두고 자기 후손들에게 "보라 나는 오늘 온 세상이 가는 길로 가려니와 너희의 하나님 여호와께서 너희에게 대하여 말씀하신 모든 선한 말씀이 하나도 틀리지 아니하고 다 너희에게 응하여 그중에 하나도 어김이 없음을 너희 모든 사람은 마음과 뜻으로 아는 바라"(수 23:14)라고 간증했습니다. 하나님은 신실하심 그 자체이십니다. 가난한 자, 고독한 자, 병든 자, 소외당한 자에게 위로와 축복을 약속하셨고, 반드시 그대로 지키실 것입니다. 악한 자를 심판하시리라 약속하셨다면 반드시 심판하실 것입니다. 하나님은 그분을 신뢰하고 두려워하는 자에게 약속하신 축복을 한 치 어김도 없이 다 지키고 계십니다.

바울은 하나님이 신실하고 신뢰할 만한 분이시기 때문에 그분이 자신을 신실한 자로 만드셨다고 말합니다. 그는 "우리를 너희와 함께 그리스도 안에서 굳건하게 하시고 우리에게 기름을 부으신 이는 하나님이시니"(고후 1:21)라고 말씀합니다. 하나님께서 자신을 그리스도 안에서 견고케 하시고 성령으로 기름부으셨다는 것입니다. 다름 아닌 하나님의 계획 가운데 그렇게 하셨다는 것입니다.

사실 바울이 예수를 믿게 된 것은 그가 원해서 된 것이 아닙니다. 그는 하나님께 강제로 이끌려 예수를 믿게 된 사람입니다. 바울이 성령의 기름부음을 받은 것도 자신이 구해서 된 일이 아닙니다. 하나님이 성령을 선물로 주신 것입니다. 그러니까 그로 하여금 예수 안에 들어와서 예수 믿는 사람이 되게 하신 분도 하나님이시요, 예수를 믿자마자 성령을 부어주신 분도 하나님이셨습니다. 즉 모든 것이 하나님의 강권적인 역사로 말미암은 것이었습니다. 그래서 바울은 갈라디아 교인들에게 "이제는 내가 사는 것이 아니요 오직 내 안에 그리스도께서 사시는 것이라"(갈 2:20)라고 고백했던 것입니다.

이것은 바울에게만 해당되는 이야기가 아닙니다. 바울에게 일어났던 일이 오늘 우리에게도 똑같이 일어나야 합니다. 다시 한번 고린도후서 1장 21절을 보십시오. "우리를 너희와 함께 그리스도 안에서 굳건하게 하시고 우리에게 기름을 부으신 이는 하나님이시니." 바울은 하나님이 바울 자신뿐만 아니라 고린도교회 성도들 또한 그리스도 안에서 견고하게 하신다고 분명히 밝히고 있습니다. 그렇다면 우리는 어떻습니까? 우리도 다를 바 없습니다. 그러므로 바울의 마음에 계시던 그 하나님을 똑같이 모시고 있는 우리 역시 "하나님 아버지가 신실하시니 나는 신뢰할 만한 사람이다"라고 담대히 선포해야 합니다.

그리스도인은 신뢰할 만한 사람이어야 합니다. 왜 그렇습니까? 하나님이 그렇게 만드셨기 때문입니다. 하나님의 뜻에 어긋나게 살아서는 안 됩니다. 가정에서, 세상에서 늘 신뢰를 받으시기 바랍니다. 그것이 세상 사람들과 구별되는 그리스도인의 모습입니다.

오늘날 사회는 점점 불신不信사회로 전락하고 있습니다. 부정부패의 사회적 독소가 민족의 건강한 생명을 좀먹고 있는 때입니다. 대내외적으로 도덕적 자본인 '신뢰'를 구축해야 할 매우 중요한 시기인데도 서로 간에 불신이 팽배합니다. 예수 믿는 사람들끼리도 서로 믿지 못합니다. 목사도 믿지 못합니다. 장로도 믿지 못합니다. 권사, 집사도 믿지 못합니다. 이런 풍토에서 어떻게 국제적 무역을 할 수 있겠습니까? 신실하지 못한 사람이 만들어 내놓는 제품을 어떻게 안심하고 살 수 있겠습니까?

링컨은 이렇게 이야기했습니다. "내가 몇 명의 사람들을 항상 속일 수는 있을지 모릅니다. 그러나 모든 사람을 항상 속게 만들 수는 없습니다." 그렇습니다. 물건을 팔 때 한 번은 속일 수 있겠지만 두 번, 세 번 속이지는 못합니다. 그렇다면 우리가 가야 할 길은 오직 하나밖에 없습니다. 신뢰받을 수 있는 상품을 만들어 신뢰받는 사람, 신뢰받는 나라가 되는 것입니다. 그럴 때 다른 나라와 떳떳하게 거래할 수 있게 되는 것입니다.

이것은 월드컵 우승한다고 되는 것이 아닙니다. 대통령 잘 뽑는다고 되는 것도 아닙니다. 복지국가가 된다고 되는 것이 아닙니다. 가장 중요한 것은 우리 한 사람 한 사람의 인격이 하나님처럼 신뢰받을 수 있는 인격으로 바뀌는 것입니다. 그래서 하나님의 신실하심이 나의 삶을 통해서 전달되게 해야 합니다.

만일 우리나라 그리스도인들이 "하나님은 신뢰할 수 있는 분입니다. 그분은 거짓말을 못하십니다. 그러므로 나를 믿어도 좋습니다. 왜냐하면 나는 하나님을 모시고 사는 그분의 자녀이기 때문입니다"라고 말할 수 있다면 사회가 얼마나 달라지겠습니까? 서로 신뢰할 수 있는 사회를 만들 책임이 일차적으로 예수 믿는 나에게 있다는 사실을 기억하시기 바랍니다. 세상 사람들의 도덕성이 결여되었다고 비판하는 대신 자신을 돌아보십시오.

내가 세상에서 정직해지면, 거짓말하는 사람들도 내 앞에서 태도를 바꿀 것입니다. 나를 만나는 사람들이 거짓을 포기하지 않으면 안 될 정도로 하나님의 성실하심을 따라 정직하게 사십시오. 그리스도인은 정직과 신뢰로 세상과 구별되어야 합니다. 그럴 때 거짓으로 물든 이 땅이 온전하게 치유될 것입니다.

둘째, 항상 긍정적인 사람이어야 한다

고린도후서 1장 20절에서 바울은 "하나님의 약속은 얼마든지 그리스도 안에서 예가 되니 그런즉 그로 말미암아 우리가 아멘 하여 하나님께 영광을 돌리게 되느니라" 하고 말씀합니다. 그리고 에베소서 3장 20절에서는 "우리 가운데서 역사하시는 능력대로 우리가 구하거나 생각하는 모든 것에 더 넘치도록 능히 하실 이"라고 말씀하고 있습니다.

하나님은 우리가 구하는 것이나 생각하는 것보다 넘치도록 주시는 분입니다. 하나님은 언제나 우리가 감격해서 "아멘, 아멘" 하며 살지 않으면 안 될 정도로 좋은 것을 주려고 하시는 분입니다. 그분에게는 부정적인 것이 전혀 없습니다. 하나님이 "안 돼"라고 하시는 것은 그것이 우리에게 유익하지 않기 때문입니다.

우리는 이런 하나님을 모시고 사는 사람들입니다. 그러니 항상 긍정적일 수밖에 없지 않습니까? 이런 좋으신 하나님을 믿으면서 부정적으로 사는 사람은 참된 그리스도인이 아닙니다. 중요한 것은 오직 그리스도 안에서만 이런 삶을 누릴 수 있다는 것입니다. 여기서 말하는 '그리스도 안'에는 두 가지 의미가 있습니다. 하나는 '예수를 믿는 것'입니다. 고린도후서 5장 17절에 다음의 말씀이 있습니다. "그런즉 누구든지 그리스도 안에 있으면 새로운 피조물이라 이전 것은 지나갔으니 보라 새것이 되었도다." 여기서 '그리스도 안에'라는 말이 바로 예수 그리스도를 믿는다는 말입니다.

다른 하나는 '예수님께 순종하는 것'입니다. "자녀들아 너희 부모를 주 안에서 순종하라 이것이 옳으니라"(엡 6:1)는 말씀이 있습니다. 여기서 '주 안에서'는 '주님께 순종하라'는 의미입니다. 예수 그리스도께 순종할 수 있는 범위 내에서 부모에게 순종하라는 것입니다. 이 말은 부모가 자녀에게 예수님의 명령에 어긋난 것을 명할 때는 순종하지 않을 수도 있다는 것을 전제로 합니다.

그러므로 우리가 내가 예수님을 믿고 순종한다면 항상 '예스'라고 하시는 주님을 체험하며 살 수 있습니다. 여러분 중에 혹시 자기 계획대로 살려다가 인생의 절벽을 만난 사람이 있습니까? 이것저것 다 해보았지만 결국 능력의 한계만을 절감하고 있지 않습니까? 그렇다면 놀라운 능력의 근원이신 예수님 앞으로 담대히 나아오시기 바랍니다. 진정으로 예수님을 믿고 그분이 명령하시는 대로 순종하십시오. 예수님을 믿고 순종하는 삶에 무조건 '예스'가 있을 것입니다.

우리는 적자생존의 경쟁사회에 살고 있습니다. 앞으로 웬만큼 똑똑한 사람이 아니고는 사회에서 살아남기 어려울 것입니다. 그러나 아직 출구는 남아 있습니다. 예수님을 믿고 순종하는 모든 사람에게 '예스' 하시는 주님이 계시기 때문입니다. 하나님 안에서 우리는 부정적일 필요가 없습니다. 내가 믿고 의지하며 순종하는 예수님이 항상 긍정적인 분이시기 때문입니다.

바울은 고린도후서 1장 22절에서 "그가 또한 우리에게 인치시고 보증으로 우리 마음에 성령을 주셨느니라"라고 말합니다. 성령의 증거가 있기에 더욱더 긍정적인 삶을 살 수 있다고 말하는 것입니다. 집을 살 때 10분의 1이든지 20분의 1이든지 계약금을 미리 지불하는 것과 같습니다. 이것은 중도금과 잔금을 지불하고 그 집을 사겠다는 것을 보증하는 신용거래입니다.

하나님께서는 약속하신 것을 틀림없이 주시겠다는 계약의 의미로 '성령'을 주셨습니다. 성령은 하나님의 계약을 보증하는 사인입니다. 그러므로 그리스도인은 하나님의 결재 서류를 가지고 다니는 사람입니다. 성경에는 하나님이 친히 성령으로 보증하신 수많은 약속이 기록되어 있습니다. 그것은 곧 하나님이 성령으로 도장 찍고 결재해주신 일종의 결재 서류와 같습니다. 그래서 우리는 이것만 있으면 중도금과 잔금도 다 받을 것이라고 분명히 믿을 수 있는 것입니다.

우리도 바울처럼 긍정적으로 살아야 합니다. "내 안에 모시고 사는 하나님이 너무나 긍정적인 분이시고 그분에게는 모든 것이 가능하기 때문에 나는 항상 긍정적입니다"라고 말할 수 있어야 합니다. 하나님께서 모든 것을 주신다고 약속하시며 성령의 인으로 보증까지 해주셨음을 기억하십시오.

우리는 지금 도덕적, 정신적, 정치적으로 매우 어두운 시대를 살아가고 있습니다. 이렇게 세상이 어두울 때일수록 그리스도인은 세상 사람들에게 거룩한 영향을 미칠 수 있어야 합니다. 아무리 상황이 복잡하고 불투명해도, 예수 믿는 내가 비관하지 않으면 내 주변의 세상 사람들도 비관하지 않을 것입니다. 왜냐하면 하나님의 자녀들이 이 사회를 지탱하는 튼튼한 보루이기 때문입니다.

부정적인 시각에 사로잡힌 채 비관하지 마십시오. 그리스도 안에서 모든 것이 가능하다는 것을 믿으십시오. 하나님은 주지 못하실 것이 아무것도 없습니다. 전능하신 하나님을 모시고 사는 우리는 항상 긍정적일 수 있습니다. 불가능한 일이라고 얼굴부터 찡그리지 마십시오. 내 손에 아무것도 없다고 해서 그것을 불가능이라고 보면 안 됩니다. 비록 내 손에 없더라도 하나님의 손에는 있습니다. 하나님의 손에 있으면 곧 내 손에 있는 것과 다를 바 없습니다. 이 사실을 받아들이고 늘 긍정적으로 사시기를 바랍니다.

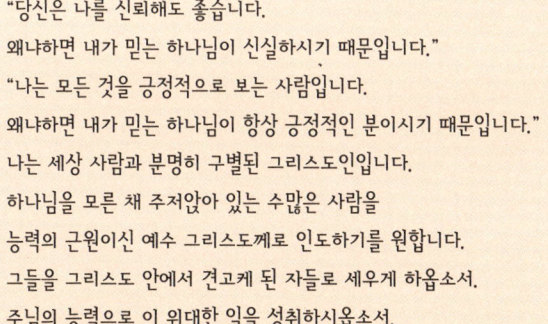

| 다 | 짐 | 기 | 도 |

"당신은 나를 신뢰해도 좋습니다.
왜냐하면 내가 믿는 하나님이 신실하시기 때문입니다."
"나는 모든 것을 긍정적으로 보는 사람입니다.
왜냐하면 내가 믿는 하나님이 항상 긍정적인 분이시기 때문입니다."
나는 세상 사람과 분명히 구별된 그리스도인입니다.
하나님을 모른 채 주저앉아 있는 수많은 사람을
능력의 근원이신 예수 그리스도께로 인도하기를 원합니다.
그들을 그리스도 안에서 견고케 된 자들로 세우게 하옵소서.
주님의 능력으로 이 위대한 일을 성취하시옵소서.

오늘 내가 외삼촌의 양 떼에 두루 다니며 그 양 중에
아롱진 것과 점 있는 것과 검은 것을 가려내며 또 염소 중에 점 있는 것과
아롱진 것을 가려내리니 이 같은 것이 내 품삯이 되리이다
후일에 외삼촌께서 오셔서 내 품삯을 조사하실 때에 나의 의가 내 대답이 되리이다
내게 혹시 염소 중 아롱지지 아니한 것이나 점이 없는 것이나
양 중에 검지 아니한 것이 있거든 다 도둑질한 것으로 인정하소서
라반이 이르되 내가 네 말대로 하리라 하고
창 30:32~34

CHAPTER
02

축복의 자화상을 그리라

　자화상이란 자신의 얼굴을 자기가 그린 그림을 말합니다. 고흐나 렘브란트 같은 화가는 자화상을 그린 인물로 유명합니다. 사람들은 자화상을 보고서 화가의 마음을 들여다봅니다. 왜냐하면 마음의 상태가 얼굴로 나타나기 때문입니다. 자화상이 안정되고 차분한 모습이라면 화가의 마음이 안정된 상태일 것이고, 어딘가 그늘지고 불안함이 있다면 마음이 평온하지 못하다는 것을 나타냅니다. 자화상이라는 것은 살아오면서 형성된 자기 내면의 모습이라고 할 수 있습니다.

우리의 자화상은 어떤 모습일까요? 만약에 지금 우리가 각자의 자화상을 그린다면 어떤 모습일까요? 행복한 모습일까요, 불행한 모습일까요? 그림으로 그리지만 않았지 사람은 누구나 마음으로 그려놓은 자화상이 있다고 합니다. 그 자화상의 모습은 건강하기도 하고 병들어 있기도 합니다. 현대사회의 문제는 많은 사람이 병든 자화상을 가지고 있다는 것입니다. 자신에 대한 긍지를 갖거나 남에게 선을 베푸는 건강한 자화상을 찾아보기가 어렵습니다. 자기 비하와 좌절감이 개인을 사로잡고 있으며, 사회에는 잔혹한 범죄가 난무하고 있습니다.

사람의 자화상은 대개 생후 60개월(5세)까지의 생활에 영향을 받고 12세면 거의 완성된다고 합니다. 이때 부모로부터 사랑을 듬뿍 받고 건전하게 자라면 건전한 자화상을 갖게 되고, 사랑을 받지 못했거나 가정이 불행했다면 병든 자화상을 갖게 된다는 것입니다. 다음의 얘기는 자화상이 삶에 미치는 영향에 관한 대조적인 사례입니다.

어느 정신과 의사가 두 여인을 상담하게 되었습니다. 한 여인은 알코올중독자로 늘 피해의식을 느끼며 불안해하는 사람이었고, 다른 한 여인은 항상 밝고 긍정적이며 남에게 베풀기를 좋아하는 안정적인 사람이었습니다. 의사는 먼저, 불안해하는 여인에게 어릴 때 가장 기억나는 경험이 있으면 얘기해보라고 했습니다. 그녀는 자신의 이야기를 풀어놓았습니다.

그녀는 아주 어려서 어머니를 잃고, 매우 포악한 계모 밑에서 자랐습니다. 어느 날 계모가 밖에 나가면서 어린 그녀에게 밥을 해놓으라고 했습니다. 그런데 밥을 하다가 그만 태워버리고 말았습니다. 집에 돌아온 계모는 그것을 보더니 험한 욕을 퍼부으면서 그녀의 머리채를 잡고 때렸습니다. 그러다가 마당에 내동댕이쳐졌는데, 온몸이 진흙으로 범벅이 되고 말았습니다. 그 모양을 하고 하도 서러워서 울었는데, 그 모습이 이 여인의 자화상이 되었습니다. 지금도 자기를 생각하면 진흙을 뒤집어쓰고 서러워하는 그때의 모습이 떠오른다는 것입니다. 이렇게 저주스러운 자화상을 가지고 있으니 행복할 리가 없습니다. 그래서 그 모습을 잊기 위해 술을 가까이하고 자신을 학대하며 살아오게 되었습니다.

한편 밝게 살아가는 여인은 어렸을 때 부모님이 운영하시던 과수원에 서 있는 자신의 모습을 기억했습니다. 싱그러운 과일이 주렁주렁 매달려 있는 나무 사이로 햇살이 쏟아지는 아침, 형언할 수 없는 풍요함과 신선함을 맛보았던 기억이 난다는 것입니다. 그래서 지금도 자신을 생각하면 과일나무 사이로 쏟아지는 햇빛을 받으며 가슴 벅차게 서 있는 어린 시절의 모습이 떠오른다고 했습니다. 그래서 그녀는 항상 자신에 대한 긍지와 삶의 여유를 가지고 살아갈 수 있었습니다.

사람은 이처럼 마음속에 자신의 그림을 가지고 살아갑니다. 그렇다면 여러분의 자화상은 어떻습니까? 건강한 모습입니까, 아니면 상처받은 모습입니까?

사람은 누구나 마음속에 불안을 갖고 살아갑니다. 그것은 사람의 정상적인 궤도에서 이탈되어 불안감을 느끼기 때문입니다. 안전한 자궁 속에 있던 아기는 세상에 태어나면서 울음을 터뜨립니다. 이때 엄마의 가슴에 귀를 대주면 뱃속에서 듣던 엄마의 심장 소리에 안정감을 느끼면서 평안해진다고 합니다. 아기는 엄마에게서 떨어지면 웁니다. 의지할 곳이 없다고 여기기 때문입니다.

하나님과 우리의 관계도 마찬가지입니다. 사람은 본래 하나님과 함께 살도록 지어졌는데, 죄로 말미암아 하나님과 분리되고 말았습니다. 그 후로 마음 깊은 곳에 채워지지 않는 허무가 자리 잡게 되었습니다. 파스칼은 사람에게는 누구나 마음에 빈 방이 있는데 이 방은 하나님만이 채우실 수 있다고 했습니다. 그리고 이 방이 비어 있으면 다른 방들이 아무리 가득 채워져 있어도 불안을 느낀다는 것입니다.

마음이 안정되지 않고 불안합니까? 사는 것이 자신 없습니까? 어린 시절 불우한 환경에서 자랐습니까? 마음에 병든 자화상을 가지고 있습니까? 하나님은 당신의 자화상을 바꾸어놓을 수 있는 유일한 분이십니다. 그분께 의뢰하십시오. 하나님은 내 안에 있는 부정적이고 공허하고 참담한 자화상을 고치실 수 있습니다. 하나님 안에서 거듭나면 과거의 불우한 경험을 극복하고 새롭고 아름다운 삶을 살 수 있습니다.

창세기 30장을 보면 야곱이라는 사람이 나옵니다. 야곱은 어려서부터 부모인 이삭과 리브가로부터 하나님에 대해 배웠습니다. 비록 그가 속임수에 능하고 얄팍한 성격을 지녔다고 해도 그에게는 하나님이 만들어주신 긍정적인 자화상이 있었습니다. 창세기 30장 32~34절 말씀을 읽어보십시오. 이를 통해서도 그가 축복의 자화상, 기적의 자화상, 은총의 자화상을 지니고 있음을 발견할 수 있습니다.

첫째, 축복의 자화상을 가지라

야곱은 아내, 자녀, 물질, 고향으로의 복귀에 대한 축복의 자화상을 가졌습니다. 야곱은 어린 시절부터 그의 부모로부터 하나님의 사랑을 배우면서 그의 조상 아브라함의 축복이 자신에게도 이어진다는 약속을 믿었습니다. 현재 상황은 어려울지라도 반드시 축복이 임할 것이라는 긍정적인 자화상을 가졌습니다. 아내 라헬을 얻기까지 14년이라는 시간이 소요되었지만 축복의 자화상을 가짐으로 이겨내었고, 고향에서 도망쳐온 몸이지만 다시 돌아갈 수 있다는 긍정적 신념을 가지고 살았습니다. 그리고 자신이 일한 만큼 하나님께서 축복하실 것이라는 확고한 믿음도 있었습니다. 축복의 자화상을 가짐으로 야곱은 어려운 현실을 극복하고 결국 엄청난 축복을 받았습니다.

우리가 즐겨 읽는 안데르센의 이야기 중 《미운 오리 새끼》라는 동화가 있습니다. 갓 태어난 오리 중에 유난히 밉게 생긴 회색 오리 새끼가 구박과 놀림을 받습니다. 집을 떠나 여기저기 떠돌아다니던 미운 오리 새끼는 어느 날 황망한 벌판 갈대 숲속에 누워 남쪽 하늘로 날아가는 백조를 바라보며 부러워합니다.

'아, 나도 저 아름다운 흰 새들과 함께 어울려 날아갈 수 있었으면… 그렇지만 나는 너무 밉게 생겼어!'

그러나 얼마 되지 않아 자신이 바로 그 아름다운 백조였음을 알게 됩니다. 다른 사람들이 자기를 어떻게 대하느냐에 따라 자신의 자화상을 그리는 사람이 많습니다. 당신도 지금까지 미운 오리 새끼와 같이 부정적인 자화상을 갖고 있지는 않았습니까? 그러나 창조주 하나님께서 당신을 아름답게 만드셨습니다. 하나님이 친히 당신을 아름답다 하시고 축복하신다면 당신은 아름다운 사람이요 축복의 사람입니다.

한 여인이 있었습니다. 그녀는 술주정이 심한 아버지로 인해 어린 시절을 무척 고통스럽게 보냈습니다. 그래서 절대로 술을 마시지 않는 사람과 결혼하고 싶었습니다. 그런데 교제 기간 동안에는 술을 입에도 대지 않았던 남편이 결혼 후 얼마 되지 않아서 술주정을 하고, 손찌검까지 하는 것이었습니다. 그 여인은 목사님을 찾아가서 하소연을 했습니다.

"목사님, 저는 왜 이렇게 팔자가 기구합니까? 친정아버지가 술주정이 심하여 늘 술을 마시고 와서는 어머니를 때렸습니다. 어머니는 온갖 고생을 하며 우리를 키웠고 우리는 그런 부모님 밑에서 어린 시절을 눈물로 보냈습니다. 그래서 아버지 같은 사람과는 절대로 결혼하지 않겠다고 다짐했는데, 그런 사람을 만나다니요? 하나님은 너무나 불공평하십니다."

이 자매에게 목사님은 다음과 같이 말해주었습니다.

"자매님은 하나님을 원망하며 운명을 탓하고 남편을 원망하지만 실은 자매님 자신이 그런 운명 속으로 자신을 끌어들인 것입니다. 자매님은 남자들이 모두 자매님의 아버지 같다는 잘못된 자화상을 가지고 있습니다. 마음속에 아내를 사랑하고 자녀를 돌보며 가정에 충실한 남편을 그리기보다는 술 먹고 난폭하게 손찌검이나 하는 게으른 남편을 마음속에 그려왔습니다. 그것이 자매님의 마음속에 깊이 박혀 있는 것입니다. 하나님은 우리가 마음속에 그리는 대로 우리를 인도하십니다.

하나님은 우리의 생각과 구하는 것을 통해서 역사하시기 때문에 우리 마음과 생각과 기도하는 자세를 올바르게 하지 않으면 하나님의 역사를 기대할 수가 없습니다. 그러므로 자매님의 운명을 지금이라도 바꾸려면 먼저 자매님의 마음속에 있는 구멍이 메워지고 주 안에서 올바른 자화상을 가져야 합니다. 하나님은 자매님의 생각을 바탕으로 자매님의 삶을 변화시켜주실 것입니다."

우리가 믿는 하나님은 우리의 연약함을 이해하시고 용납하시는 분입니다. 또한 우리가 낫기를 원하시고 치유해주시는 하나님이십니다. 이때 최대의 장벽이 있습니다. 그것은 바로 우리가 갖고 있는 열등감입니다. 그 열등감을 극복하지 못하면 절대 치유받을 수 없습니다. 건강한 자화상을 가질 수 없습니다.

맥스웰 멀스라는 성형외과 의사가 있었습니다. 얼굴 성형을 전문으로 하는 그가 《새로운 미래를 소유한 새로운 얼굴》이라는 책을 냈습니다.

멀스 박사에 의하면 우리에게 각자의 얼굴이 있듯이 마음과 성격에도 얼굴이 있다고 합니다. 얼굴을 뜯어고쳐서 예뻐져도 마음의 얼굴을 바꾸지 않은 사람은 결국 성형수술에 실패한다는 것입니다. 실제로 얼굴은 예뻐졌습니다. 누가 보아도 예전의 모습과는 딴판으로 바뀌었습니다. 그런데 본인은 아직도 못생겼을 때와 같이 생각하고 행동한다는 것입니다. 마음의 얼굴이 바뀌는 것이 더 중요합니다.

우리는 열등감의 문제를 극복해야 합니다. 열등감은 하나님의 치유를 방해할뿐더러 우리의 자화상과 우리의 삶을 망쳐놓습니다. 기독교 상담학 분야의 대가인 와그너 박사는 《가치 있는 사람이 된 느낌》이라는 책에서 열등감을 극복할 수 있는 방법을 제시합니다.

첫째, 사랑받고 있다는 소속감을 회복하라는 것입니다. 누군가 나를 사랑하고 있다, 누군가 나를 이해하고 있으며 용납하고 있다, 누군가 나를 돌보아줄 것이다, 이러한 감정을 가지라는 것입니다. 그러면 열등감을 극복할 수 있다는 것입니다. 성인이 되어서 열등감을 느끼는 사람은 대개 성장 과정에서 충분히 사랑받아본 경험이 적은 경우가 많습니다. 사랑받지 못했다는 상처가 깊은 열등감으로 자리 잡았기 때문입니다.

둘째, 자신의 가치와 중요성을 느끼는 것입니다. '나는 가치 있는 사람이야'라고 생각하고 말하고 확신할 수 있어야 합니다. 스스로 자신의 가치를 인정할 때 열등감의 문제를 극복할 수 있습니다.

내가 어떤 생각을 갖고 있는가, 무엇을 구하고 있는가, 나의 자화상은 어떤 모습인가? 그것이 중요합니다. 긍정적인 축복의 자화상을 갖는 것이 필요합니다. 내가 축복의 자화상을 가지면 내 가족도 축복의 사람으로 바뀔 수 있습니다.

둘째, 기적의 자화상을 가지라

야곱은 하나님의 능력과 위대하심을 알았기에 현실적 안목에서 벗어나 기적의 자화상을 가졌습니다. 장인 라반이 그의 대가에 대해 물을 때에 세상 사람들의 인식과는 다른 요청을 했습니다. 사람들은 보통 눈에 보이는 대가를 원합니다. 일시적인 대가만을 원합니다. 그러나 야곱은 위대하신 하나님이 자신의 주인이라는 것을 알았기에 보이지 않는 미래를 보았고 보이지 않는 기적을 보았습니다. 그래서 흠 있어 보이는 소수의 양과 염소를 요구했습니다. 상식적으로는 이해가 안 되는 조건이지만 그는 기적의 자화상을 가지고 있었기에 그러한 조건을 걸었습니다.

매주 교회에 출석하고 기도도 많이 하고 성경도 열심히 읽는데, 삶 가운데 하나님의 위대한 능력이 나타나지 않아 고민하는 사람이 있을 것입니다. 그 까닭이 어디에 있습니까? 그것은 입으로 고백하는 믿음, 눈에 보이는 믿음이 부족했던 것입니다. 속으로는 뜨거운 믿음이 있었다고 해도 하나님과 사람 앞에서 입술로 고백하는 믿음이 부족했기 때문에 하나님께서 역사하실 수 없었던 것입니다. 하나님의 놀라운 역사가 일어나는 기적의 자화상을 외면하고 있었기 때문입니다.

구약성경에 보면 하나님께서 아이가 없는 아브라함과 사라를 도와주실 때 그냥 역사하지 않으셨습니다. 먼저 그들에게 아들이 있을 것이라고 말씀하셨습니다. 그 말씀을 듣고 아브라함도 사라도 웃었습니다. 하나님의 말씀을 믿음으로 받아들이지 않았던 것입니다. 아브라함의 나이 100살, 사라의 나이 90살, 인간의 이성과 지식으로 볼 때는 자녀를 낳을 수 없는 상황이었습니다. 이들에게 아들을 주시기 위해 하나님께서 비상작전을 쓰셨는데 그것은 바로 아브라함에게 '바라봄의 법칙'을 가르치시는 것이었습니다.

밤중에 아브라함을 불러내신 하나님께서는 그에게 하늘의 별들을 헤아리게 하시고 그 모습을 통하여 아브라함의 가슴에 자손들의 영상을 그리게 함으로써 그의 생각을 바꿔놓으셨습니다. 이 일을 통하여 아브라함의 마음속에 믿음이 들어오자 하나님께서는 아브라함과 사라에게 마음속에 있는 믿음을 고백하게 하여 들리는 믿음, 밖으로 나타나는 믿음, 눈에 보이는 믿음으로 만드셨습니다. 기적의 자화상을 심어주신 것입니다.

그리고 그 믿음을 통해 역사하시기 위해 그들의 이름도 바꾸셨습니다. 아브람을 '아브라함(열국의 아비, 많은 민족의 조상)'으로, 사래를 '사라(왕비, 여지배자)'로 바꾸어 부르게 하셨습니다. 아브라함과 사라는 하나님께서 주신 새 이름으로 서로를 불렀습니다. "모든 민족의 아버지여", "열국의 어미여"라고 서로를 부르며 믿음을 고백했습니다. 자식도 없는 그들이 이런 호칭을 사용하자, 사람들은 그들을 보며 손가락질하고 비웃었습니다.

그러나 두 사람 중 말씀 위에 서서 믿음을 입으로 시인함으로써 속에 있는 믿음을 밖으로 나타냈습니다. 그들이 믿음을 고백하여 확고한 기적의 자화상을 갖게 되자 하나님께서는 그 위에 하나님의 성령을 부어주셨습니다. 그리고 일 년이 지난 뒤 그들은 아들 이삭을 얻게 되었습니다. 기적의 자화상을 가진 사람에게는 기적이 일어납니다.

이스라엘 백성들의 가나안 입성은 하나님의 약속이었습니다. 그러나 성을 정탐하고 온 정탐꾼들은 의기소침했습니다. 자신감을 잃어버렸습니다. 그들은 "우리는 메뚜기에 불과해", "안 돼, 우리는 할 수 없어"라고 좌절의 고백을 합니다. 그러나 기적의 자화상을 지닌 믿음의 사람, 여호수아와 갈렙은 "아니야, 우리는 할 수 있어. 그들은 우리의 밥이야"라고 자신감 넘치는 주장을 합니다. 똑같은 상황에서 한쪽 부류는 스스로 메뚜기라고 하고 한쪽 부류는 자신감에 넘쳐 있습니다.

궁극적으로 여호수아와 갈렙이 하는 말이 무엇입니까? 하나님이 함께하시지 않느냐는 것입니다. 하나님이 함께하시면 능치 못할 것이 없다는 것입니다. 이들의 자신감은 절대 만용이 아니었습니다. 믿음을 기반으로 한 용기였습니다. 하나님의 능력을 믿음으로 기적의 자화상을 그렸던 것입니다. 우리는 모두 기적의 자화상을 가져야 합니다. 기적의 자화상을 가진 사람은 자신감이 넘치고, 소망과 비전이 있습니다. 기적의 자화상을 지닌 자에게 하나님의 기적이 일어납니다.

셋째, 은총의 자화상을 가지라

앞서 언급한 야곱의 이야기입니다. 그는 가는 곳마다 여호와 하나님이 지키시며 돌보신다는 사실을 알았습니다. 그래서 많은 시련 속에서도 현실을 이기고 극복할 수 있었습니다. 그래서 그의 장인 라반이 일부러 얼룩 양들과 줄무늬 염소들을 제외한 양들을 주었어도 불평 없이 하나님의 은총을 기대했습니다. 지금까지 지켜주시고 보호하신 하나님이 그러한 상황 속에서도 은총을 내리시리라 믿었던 것입니다. 하나님의 은총을 기대하지 않고 반발했더라면 가진 것마저 잃었을지 모릅니다. 그러나 그는 '은총의 자화상'을 가지고 있었습니다. 끝까지 하나님의 은총을 믿었고 결국 주어진 양들만으로도 큰 복을 얻었습니다.

다른 사람으로 인해 마음의 상처를 받았습니까? 과거의 상처 때문에 마음이 무겁습니까? 병 때문에 낙심하고 있습니까? 하나님께서 당신을 사랑하시며 당신을 회복시키기 위한 놀라운 계획을 가지고 계시다는 사실을 믿으십시오. 당신이 지금 그 자리에 살아 있다는 사실만으로도 하나님의 사랑을 느낄 수 있어야 합니다. 바로 당신이 은총을 받은 사람입니다. 자화상을 다시 그리십시오. 하나님의 은총이 가득한 모습으로 바꾸시기 바랍니다.

다음은 〈너는 시냇가에 심은 나무라〉라는 찬양입니다.

> 너는 시냇가에 심은 나무라
> 하나님의 사랑 안에 믿음 뿌리 내리고
> 주의 뜻대로 주의 뜻대로 항상 살리라
> 주의 시절을 좇아 구원 열매 맺으면

주의 영화로운 빛 너를 보호하리니

주의 뜻대로 주의 뜻대로 항상 살리라.

이 찬양과 같이 하나님의 빛이 당신을 보호하십니다. 하나님을 의지하는 당신은 더 이상 과거의 당신이 아닙니다. 어둠은 물러갔고 당신은 저주의 사람이 아닌 은총의 사람으로 변화되었습니다. 당신은 하나님이 사랑하시는 그분의 자녀입니다. 담대한 모습의 자화상을 회복하시기 바랍니다.

어떠한 어려움을 만나도 복된 모습의 자화상을 가져야 합니다. 일이 조금만 안 풀려도 '나는 팔자가 어떻다'는 등 자기 삶을 비하해서는 안 됩니다. 세상 사람들이 말하는 팔자니 운명이니 하는 것은 실재하는 것이 아니라 인간의 마음속에서 만들어지는 것입니다. 환경으로 인해 부정적인 생각이 들었더라도 결과적으로 마음속에 부정적인 함정을 판 것은 바로 자신이기 때문입니다.

하나님은 우리를 측량할 수 없을 만큼 사랑하십니다. 중요한 것은 우리가 이 엄청난 사실을 알아야 한다는 것입니다. 아직도 일그러진 자화상을 가지고 있다면 "믿음의 주요 또 온전케 하시는 이"(히 12:2)인 하나님을 바라보시기 바랍니다. 하나님만이 당신의 상처를 치료하실 수 있습니다. 그분만이 당신의 밝은 미래를 보장하실 수 있습니다. 하나님이 당신의 자화상을 축복과 기적의 자화상으로 만들어주실 것입니다.

|다|짐|기|도|

위대한 모습의 자화상을 갖는 것은 내게 너무나 어려웠습니다.
다른 사람의 조롱을 받을까 봐 두렵기도 했습니다.
그렇지만 하나님께서 말씀하셨으니 그 말씀을 의지합니다.
더 이상 세상이 손가락질하는, 내 안의 내가 부끄러워하는
연약한 나는 없습니다. 오직 하나님의 능력을 믿고
새로운 자화상을 그릴 수 있도록 인도해주옵소서.
하나님께서 나를 사랑하심을 믿습니다.
크신 계획 가운데 여기까지 인도하셨음을 믿고 선포합니다.
주님께서 기뻐하시는 모습으로 살아갈 수 있도록
날마다 새 힘을 주시옵소서.

◆

내가 여호와의 명령을 전하노라 여호와께서 내게 이르시되
너는 내 아들이라 오늘 내가 너를 낳았도다
내게 구하라 내가 이방 나라를 네 유업으로 주리니
네 소유가 땅 끝까지 이르리로다
네가 철장으로 그들을 깨뜨림이여
질그릇같이 부수리라 하시도다
시 2:7~9

◆

CHAPTER
03

자기 정체성을 바로 세우라

'MC몽'이라는 연예인이 있습니다. 그는 MC, DJ를 비롯해 가수, 시트콤 연기자, 코미디언, 쇼 오락 프로 패널 등 모든 방면에서 얼굴을 내밀고 있습니다. 언젠가 연예가 뉴스에서 그와 인터뷰를 한 적이 있습니다.

"당신은 그리 잘생기지도 않았고 특별하게 잘하는 것도 없는 것 같은데 인기의 비결이 무엇입니까? 본명 대신 특이한 가명을 사용하는 이유는 또 무엇입니까? 도대체 당신의 정체는 무엇입니까?"

그러자 그는 원숭이 같은 얼굴을 찡그리며 이렇게 대답합니다.

"모릅니다. 내가 왜 인기가 있는지, 내가 왜 여기에 있는지, 내가 누구인지 나도 모릅니다. 어쩌다가 인기 스타가 되었는지도 모르겠습니다. 내가 누구인지 알려주시겠어요?"

세계적인 연기파 배우 앤서니 퀸이 주연한 〈25시〉라는 영화가 있습니다. 요한 모리츠라는 이름의 주인공은 농사를 지으며 순박하고 성실하게 살아가고 있었습니다. 그런 그가 2차 세계대전이라는 혼란의 물결에 휩쓸려 억울하게 고생을 하게 됩니다. 그것은 그가 유대인과 너무 흡사하게 생겼기 때문이었습니다. 그는 유대인으로 오해받아 이곳저곳으로 끌려다니며 고문을 당하고 멸시와 박해를 받았습니다. 그러다가 상황이 역전되어 세계 최고의 월등한 민족이라는 평가를 받으며 사람들에게 떠받들어지기도 했습니다. 그는 영문도 모른 채 자신을 그렇게 생각하는 사람들에 의해 영웅도 되었다가 죽을 죄인도 되었다가 하게 됩니다. 여기저기 끌려 다니던 주인공은 마침내 연합군에게 체포되어 재판을 받게 되는데, 재판관이 "당신의 진짜 정체는 무엇인가?"라고 묻습니다. 그 물음에 모리츠는 아무런 대답도 하지 못합니다. 왜냐하면 자기가 누구인지 자신도 알 수 없었기 때문입니다. 타인에 의해 멸시받기도 하고 때로는 극단적인 칭송을 받기도 했던 그는 자신이 누구인지 도무지 알 수 없었습니다. 그는 "도대체 나는 누구지?"라며 혼자서 중얼거립니다.

현대를 사는 우리도 내가 누구인지 지금 어디로 가고 있는지를 모르는 사람이 많습니다. 여러분은 "당신, 도대체 누구입니까?"라는 질문에 무엇이라고 답하겠습니까?

사실 내가 누구라고 대답하기는 쉽지 않습니다. 내가 누군지 몰라서가 아니라 나를 둘러싸고 있는 현실이 머릿속을 혼란스럽게 만들기 때문입니다. 학교 졸업하자마자 취직하고, 취직하자마자 결혼하고, 결혼하자마자 애 낳고, 애들 키워서 학교 보내고, 다 키워 결혼시키고 나면 어느새 50이 넘고, 60이 넘어갑니다. 이렇게 바쁘게 살다 보니 '나는 누구인가'라는 질문이 끼어들 틈이 없습니다. 세월의 덧없음 앞에 인생이 허무하게 느껴질 뿐입니다.

눈앞에 닥친 현실은 또 어떻습니까? 자식들 뒷바라지하면서 먹고살기가 쉽지 않습니다. 언제 직장에서 퇴출될지 모릅니다. 살아남기 위해서는 모든 비굴함을 감수해야 합니다. 자기 사업장을 가지고 있어도 녹록지 않습니다. 하루 벌어 하루 갚아야 겨우 회사가 돌아갑니다. 마음만큼 건강도 여의치 않고, 자식들만 생각하면 막막합니다. 매일 염려로 잠들고 한숨으로 일어나는 우리에게 정체성에 관한 질문은 가슴을 먹먹하게 만듭니다. 그러나 이런 세상 속에서도 하나님의 자녀는 달라야 합니다. 그렇다면 그것이 어떻게 가능할까요?

첫째, 우리가 하나님의 아들이기 때문이다

하나님은 우리를 향하여 "너는 내 아들이다. 오늘 내가 너를 낳았다"라고 단호하게 선포하십니다. 우리는 하나님이 수고하여 낳으시고 애지중지 기르신 하나님의 자녀입니다. 아무리 절망스럽고 정신없는 상황에 있더라도 이 한 가지는 기억해야 합니다. "나는 하나님의 아들이다."

우리가 잘나서 하나님의 아들이 된 것이 아닙니다. 예수 믿는 우리를 자녀로 삼겠다고 하나님께서 작정하셨기 때문입니다. 요한복음 1장 12절에 보면 "영접하는 자 곧 그 이름을 믿는 자들에게는 하나님의 자녀가 되는 권세를 주셨으니 이는 혈통으로나 육정으로나 사람의 뜻으로 나지 아니하고 오직 하나님께로부터 난 자들이니라"라고 말씀합니다.

우리 눈에는 우리 자신이 초라하게 보이지만 하나님의 눈에는 그렇지 않습니다. 누구보다도 존귀하며 누구와도 바꿀 수 없는 그분의 자녀로 여기십니다. 그래서 시편 2편 7절에서 직접 칙령을 반포하시며 "여기 있는 이 사람은 내 아들이요, 내가 낳았소"라고 당당하게 말씀하십니다. 하나님은 우리가 그분의 자녀임을 만방에 선포하고 다니십니다. 사실 우리가 마음이 답답하여 기도할 때, 이 한마디 말만 들으면 모든 근심이 다 사라집니다. "사랑하는 내 아들아, 사랑하는 내 딸아, 내가 너를 사랑한다." 마음속에 이런 감동이 임하면 정말 눈물이 납니다.

시편 2편은 왕의 등극을 축하하는 시입니다. 이스라엘 왕이 등극할 때 하나님이 열방과 세상 군왕 앞에 이스라엘 왕을 높이 세우십니다. 그리고 이스라엘 왕은 보통 왕이 아니라 하나님의 아들이요, 하나님이 특별히 여기는 왕임을 선포하십니다. 당시 이스라엘은 남쪽의 애굽이나 북쪽의 앗수르, 바벨론, 아람에 비하여 지극히 작은 나라였습니다. 그러나 하나님께서는 그렇게 보시지 않았습니다. 하나님은 오히려 이스라엘만 인정하셨습니다.

왜 그렇습니까? 이스라엘이 잘나서 그렇습니까, 하나님께 충성했기 때문입니까? 모두 아닙니다. 이스라엘은 하나님 앞에서 잘한 것이 아무것도 없습니다. 하나님이 이스라엘을 특별히 사랑하신 것은 바로 이스라엘이 그분의 자녀이기 때문입니다. 사랑하는 자녀라면 누가 뭐라고 해도 끝까지 포기하지 않고 사랑하게 되어 있습니다. 하나님이 우리를 자녀 삼으신 이상 하나님은 절대로 우리를 포기하지 않으시고 우리를 높이시며 지켜주십니다. 그것이 바로 부모와 자녀의 관계입니다.

부모 눈에는 자녀만 보입니다. 학교나 유치원에 가서도 부모는 자기 자녀만 찾습니다. 아무리 똑똑하고 잘난 아이가 있더라도 부모 눈에는 자기 자녀만 눈에 들어옵니다. 마찬가지로 하나님이 보시기에 우리가 그렇습니다. 세상 사람들이 우리를 알아주지 않는다 해도, 별로 잘난 것이 없다고 해도 하나님은 우리를 알아주십니다. 그리고 변함없이 사랑하십니다.

그런데 더 놀라운 것은 이 사랑이 우리를 크고 위대하게 만든다는 사실입니다. 곰곰이 생각해보면 이와 같은 직위 부여와 인정, 그리고 사랑이 사람을 크고 위대하게 만든다는 것을 알 수 있습니다. 사람은 어떤 직위에 있을 때 그 직위에 맞는 행동을 하게 됩니다. 세상에 나올 때부터 왕이나 사장의 품성을 가지고 태어나는 사람은 드뭅니다. 오히려 왕자라는 직위가 왕의 품성을 갖게 만들고 사장 아들이라는 위치가 사장의 눈을 갖도록 만든다는 것이 더 정확할 것입니다.

어떤 권사님이 음식점을 오랫동안 하셨는데, 20년을 넘게 한 종업원과 함께 일해오고 있었습니다. 교회 다니는 어떤 단골손님이 "하나님께서 만남의 복을 주셔서 좋은 사람을 얻게 하셨네요" 하고 말했더니 권사님이 하시는 말씀이 "처음부터 좋은 사람이 어디 있겠어요. 그렇게 대우하고 인정해주니까 좋은 사람이 되는 거지요"라고 했다고 합니다.

특별히 악하기로 작정한 사람을 제외하고 그렇게 악한 사람은 없습니다. 우리가 어떻게 대우하느냐에 따라 그 사람 속에 있던 창조의 아름다운 형상이 발현되기도 하고 그렇지 않기도 합니다.

하나님은 우리를 그렇게 대하십니다. 그분은 보잘것없는 우리를 자녀 삼아주심으로 우리가 하나님을 닮아가도록 만드십니다. 하나님의 자녀라고 임명받은 순간 우리 안에는 하나님의 형상이 새겨집니다. 애써 다른 노력을 할 필요가 없습니다. '나는 하나님의 자녀야'라고 분명히 의식하면 정말 하나님의 자녀로 살 수 있습니다. 평범한 사람도 왕자와 공주가 되면, 그 직위에 맞게 바뀌어가는 법입니다.

둘째, 하나님은 우리가 큰 비전을 품기를 원하신다

우리는 하나님의 자녀입니다. 그렇다면 하나님은 우리의 어떤 모습을 원하실까요? 다음의 말씀에 잘 나타나 있습니다.

> 내게 구하라 내가 이방 나라를 유업으로 주리니 네 소유가 땅끝까지 이르리로다 네가 철장으로 그들을 깨뜨림이여 질그릇같이 부수리라 하시도다(시 2:8~9).

하나님께서는 우리가 시시한 인생을 사는 것을 원하지 않으십니다. 우리에게 열방을 주겠다고 하시고, 우리 소유가 땅끝까지 이르게 하겠다고 말씀하십니다. 우리에게 철장 권세를 주어 우리의 대적들을 질그릇같이 부수게 하겠다고 하십니다.

옹기그릇이 '와장창' 깨질 때 얼마나 속이 후련합니까? 그것처럼 우리 인생에 닥친 문제와 환난들을 다 부수고 승리하도록 만들어 주겠다고 하셨습니다. 한번 상상해보십시오. 우리는 눈앞에 닥친 문제들 때문에 얼마나 고민하며 낙망합니까? 그런데 하나님께서 그 문제들에 지는 인생이 아니라 그 문제를 질그릇처럼 와장창 깨고 가는 능력 있는 인생을 만들겠다는 것입니다.

부모는 아무리 자기 자녀가 못났을지라도 큰 기대를 갖습니다. 자녀가 공부를 잘하길 바라고, 공부가 아니면 최소한 한 분야에서 뛰어나기를 바라고, 이것도 저것도 아니면 시집 장가라도 잘 가기를 원합니다. 하나님 아버지의 마음도 그렇습니다. 하나님은 자녀 된 우리가 최고의 삶을 살기를 원하십니다. 최고의 삶이란, 열방을 유업으로 삼고 소유가 땅끝까지 이르며 대적들을 철창으로 부수며 나아가는 인생을 말합니다. 곧 물질적 권세를 주시고 영향력 있는 인생을 살게 해주시겠다는 말씀입니다. 이 세상의 물질이나 권세는 어느 누구든 가지게 되어 있습니다. 하나님께서는 이 권세를 누구보다도 그분의 자녀들이 갖기를 원하십니다. 저도 그렇게 생각합니다. 바른 신앙을 가진 하나님의 백성들이 보다 영향력 있는 위치에 올라서 말씀대로 살고 하나님의 영광을 드러내는 것을 보고 싶습니다. 이것이 우리를 향한 하나님의 기대입니다.

그런 면에서 하나님의 말씀대로 열방에 나아가 열방을 다스리고, 땅끝까지 소유할 수 있는 은혜가 있기를 바랍니다. 한손에는 복음을 들고 한손에는 전문적인 실력과 능력을 들고 온 세계 온 인류에게 주님의 빛을 전하는 전사들이 되기를 소망합니다.

스스로를 작게 여기지 마시기 바랍니다. 하나님이 우리를 자녀 삼으셨으니 우리는 더 이상 연약한 존재가 아닙니다. 하나님으로 인해 위대한 사람이 될 수 있습니다. 세상을 만드신 하나님은 이 세상을 다스리는 권세를 그 자녀들에게 주시기를 원하십니다.

사실 성경은 이런 축복의 약속들로 가득 차 있습니다. 창세기에 보면 하나님은 인간을 만드시고 이렇게 축복하셨습니다. "하나님이 그들에게 복을 주시며 하나님이 그들에게 이르시되 생육하고 번성하여 땅에 충만하라, 땅을 정복하라, 바다의 물고기와 하늘의 새와 땅에 움직이는 모든 생물을 다스리라 하시니라"(창 1:28).

하나님께서 아브라함을 부르시고 "내가 네게 보여줄 땅으로 가라 내가 너로 큰 민족을 이루고 네게 복을 주어 네 이름을 창대하게 하리니 너는 복이 될지라"(창 12:1~2) 하고 축복하셨습니다.

야곱에게는 "내 아들의 향취는 여호와의 복 주신 밭의 향취로다 하나님은 하늘의 이슬과 땅의 기름짐이며 풍성한 곡식과 포도주로 네게 주시기를 원하노라 만민이 너를 섬기고 열국이 네게 굴복하리니"(창 27:27~29)라고 축복하셨으며, 또 요셉에게는 "요셉은 무성한 가지 곧 샘 곁의 무성한 가지라 그 가지가 담을 넘었도다"(창 49:22)라고 축복하셨습니다.

하나님은 우리가 예수 믿고 천국 가는 인생으로만 사는 것을 원하시지 않습니다. 이 땅에서 하나님의 자녀답게 세상에 영향력을 미치며, 번성하고 충만한 삶을 살기를 원하십니다.

알렉산더 대왕에 관한 일화가 있습니다. 알렉산더가 가장 싫어했던 것은 전투에 나가서 용감하게 싸우지 않고 도망치는 행위였습니다. 그래서 알렉산더는 도망병을 잡으면 공개적으로 처형을 시켰습니다. 어느 날 어떤 병사가 도망치다 붙잡혀 알렉산더 앞에 끌려오게 되었습니다. 알렉산더가 그 병사를 보니 어리고 사랑스러워서 죽이고 싶은 마음이 사라졌습니다. 그래서 그 병사를 불러서는 "네 이름이 무엇이냐?"라고 물었습니다. 그러자 그 병사가 기죽은 목소리로 "알렉산더입니다"라고 대답했습니다.

깜짝 놀란 알렉산더가 다시 한 번 묻습니다. "네 이름이 무어라고?" 병사는 더 기어들어가는 목소리로 "알렉산더입니다"라고 대답합니다. 알렉산더가 화난 목소리로 세 번째 묻습니다. "네 이름이 뭐라고?" 놀란 병사가 "알렉산더입니다" 하고 큰 소리로 대답합니다. 그러자 알렉산더가 내려가서 그 병사의 목을 휘어잡고 외칩니다. "네가 알렉산더라고? 네 이름을 바꾸든지, 네 삶의 태도를 바꿔라!"

우리는 하나님의 자녀입니다. 크신 하나님을 모신 우리가 어찌 소심하게 살 수 있겠습니까? 거룩하신 아버지를 모신 우리가 어찌 죄 가운데 살 수 있겠습니까? 전능하신 하나님을 아버지로 모신 우리가 어찌 내일 일을 염려하며 믿음 없는 삶을 살겠습니까?

시편 2편 8절에서 하나님께서는 "내게 구하라"고 우리에게 명령하십니다. 무엇을 구하라는 것입니까? 하나님의 자녀다운 삶을, 하나님의 자녀에게 합당한 축복을 구하라는 말씀입니다.

자기 자신을 작게 여기지 말고 크게 여기시기 바랍니다. 기도의 태도를 바꾸시기 바랍니다. 문제나 질병을 막아달라는 소극적인 기도보다는 세상을 정복하고 다스리게 해달라는 적극적인 기도를 드려야 합니다. 자녀들을 향해서도 열방을 유업으로, 소유가 땅끝까지 이르도록 축복하십시오. 하나님의 자녀는 얼마든지 영향력 있는 인생을 살 수 있습니다.

구하는 자에게 주실 것이요, 간절히 찾는 자가 만날 것이요, 부르짖는 자가 응답을 받을 것입니다.

셋째, 존재에 대한 확고한 믿음을 가지라

사람이 어떤 일을 하는데 가장 필요한 것은 믿음일 것입니다. 무엇보다 자기 자신을 믿을 수 있어야 합니다. 그다음으로 중요한 것은 남이 나를 믿어주는 것입니다. 그런데 내가 나를 믿지 않는데 남이 나를 믿어줄 리는 없습니다. 그러므로 문제는 나 자신입니다. 스스로에 대한 확신이 있어야 남들도 나를 믿어줄 것입니다.

왜 하나님께서 우리를 하나님의 자녀로 불러주셨을까요? 하나님께 영광 돌리는 존재가 되라는 사명 때문입니다. 우리 같은 존재가 어떻게 하나님의 사명을 감당할 수 있겠습니까? 다른 사람은 몰라도 나는 예외라는 생각이 들 것입니다. 그러나 사실 우리 안에 믿을 만한 것이 별로 없습니다. 그런 생각은 겸손한 생각이 아니라 현실을 직시한 생각입니다.

그러나 믿을 만한 구석이 없는 우리를 믿어주시고 사명을 맡기신 하나님의 뜻을 생각해야 합니다. 그래서 내가 삶을 주도하는 것이 아니라 하나님이 주도하시도록 해야 합니다. 내가 무엇인가를 하려고 할 때는 오히려 길이 막힙니다. 그러나 내가 힘이 부쳐 힘들어할 때에 하나님은 길을 열어주시고 지친 우리의 등을 밀어주실 것입니다. 이렇게 하나님께 등 떠밀리다시피 가는 길이 오히려 성공적인 길이 됩니다.

사람들은 자기 뜻을 앞세워 하나님의 역사를 이끌어내려고 인간적인 방법을 도모하는 경우가 있습니다. 그러나 우리가 하나님을 이끌어갈 수는 없습니다. 우리가 주도하는 삶은 틀림없이 실패하며, 그것은 언젠가 있을 큰 불행의 전조일 뿐입니다. 우리는 오직 하나님에게 떠밀려 갈 뿐입니다. 우리가 사명을 가장 잘 감당할 수 있을 때는 하나님이 등을 떠미신다는 강한 부르심을 확신할 때입니다. 부르심은 우리가 가진 어떤 것보다도 중요합니다. 내가 가진 것이 보잘것없다 할지라도 하나님의 부르심이 있다면 그것이 사명을 이루는 능력의 도구가 될 것입니다. 그러므로 하나님께 새로운 능력의 도구를 달라고 하는 것보다 현재 내가 가진 것의 의미를 아는 것이 더 중요합니다. 이미 내가 가지고 있는 것이 하나님의 놀라운 경륜과 섭리 속에 주어졌다는 것입니다. 그것이 보잘것없는 것이라 해도 하나님께서 그것을 통하여 역사하십니다.

우리는 내가 가진 것의 의미를 확신하고 내 것을 소중히 여길 줄 알아야 합니다. 가장 부한 사람은 자기가 소유한 것으로 만족할 줄 아는 사람입니다. 어떤 집에 살건, 무슨 물건을 가졌건 그것이 가장 좋은 줄 아는 사람이 진짜 부자입니다. 내게 있는 것의 의미를 아는 사람, 그 가치를 아는 사람이 행복한 사람입니다. 또한 자기의 가진 바를 은사로 받아들일 줄 아는 사람, 그것을 통해서 하나님이 역사하신다는 사실을 깨닫는 사람이 유능한 인재입니다.

어떻게 우리처럼 연약한 존재가 하나님의 사명을 감당하겠다는 꿈과 비전을 가질 수 있습니까? 그러나 현실이 어려워도 하나님의 은혜를 믿고 담대히 나아가면 반드시 길이 열릴 것입니다.

|다|짐|기|도|

"저는 ○○가 없어서 못해요"라는 말을 자주 합니다.
그러나 하나님께서는 현재의 형편으로도
충분히 할 수 있다고 말씀하십니다.
내가 아무것도 없다고 하소연할 때
하나님께서는 '현재 내게 있는 것'을 물으십니다.
'나는 하나님의 자녀'라는 확실한 믿음을 가지고
주어진 사명을 감당하게 하옵소서.
하나님의 역사를 이루는 멋진 도구가 되게 하옵소서.

우리는 그가 만드신 바라
그리스도 예수 안에서 선한 일을 위하여 지으심을 받은 자니
이 일은 하나님이 전에 예비하사
우리로 그 가운데서 행하게 하려 하심이니라
엡 2:10

CHAPTER

04

섬김으로 세상을 변화시키라

"만약 당신에게 10억 원이 생긴다면 무엇을 하겠습니까?" 어느 조사 기관에서 불특정한 사람들을 상대로 이 질문을 던진 적이 있습니다. 그런데 많은 사람이 어떻게 사용해야 할지 모르겠다고 대답했답니다. 이렇게 대답한 대부분은 인생의 비전이 없는 사람들이었다고 합니다. 반면에 비전이 확고한 사람들은 그 돈을 확실하게 사용할 계획이 있었습니다. 그래서 많은 사람이 고액의 복권에 당첨되거나 뜻밖의 횡재를 하고 나서 이내 불행해지는 사태를 맞는 것입니다. 분명한 계획도 없으면서 하늘에서 돈벼락이 쏟아지기를 바라기 때문입니다. 일확천금이라는 것이 결코 쉽게 일어나는 것도 아니며, 확률적으로도 매우 희박하다는 점을 대부분의 사람은 무시합니다.

일확천금을 기대하는 사람들은 별다른 목표 없이 시간을 허비하거나 도박이나 유희에 탐닉하는 경우가 많습니다. 그러다가 우연히 일확천금을 얻는다 하더라도 쉽게 얻은 만큼 씀씀이는 헤플 수밖에 없습니다. 그것은 이내 망하는 길로 들어섰다는 신호이며, 결국 오히려 처음보다 더 망하는 인생이 됩니다.

그럼에도 불구하고 일확천금을 노리는 사람들이 점점 늘어가고 있는 추세를 보면 꽤나 서글픕니다. 현대인들은 모든 성공이 즉석에서 일어나길 기대합니다. 그래서 로또 복권을 사고, 이런 기대 심리를 이용한 경품 행사에 많이 참여합니다. 현대인은 대부분 벼락부자가 된 사람을 부러워하며 본보기로 삼으려고 합니다. 그러면서 마음속은 더욱 비어가고 있습니다. 자칫하면 그리스도인들도 이런 세상 문화에 휩쓸려 살기가 쉽습니다.

어쩌면 당신은 나름대로 노력해서 어느 정도의 부와 명예를 가지고 있을 수도 있습니다. '이 정도로 살면 되지' 하며 스스로 만족할 수 있습니다. 그러나 우리는 근본적인 질문 앞에 서야 합니다.

'지금까지의 삶을 돌아볼 때, 정말 후회가 없었는가? 의미 있는 삶을 살아왔는가?' 하나님이 기뻐하시는 올바른 방향으로 인생의 바다를 항해해왔는지 질문해보아야 합니다. 이런 질문에 당신은 어떻게 대답하겠습니까?

죄와 허물 가운데 죽어 있던 우리는 원래 하나님의 진노 아래 있었던 소망 없는 자들이었습니다. 그러나 하나님께서 큰 사랑을 베푸셔서 외아들이신 예수 그리스도를 인류의 대속 제물로 보내셨습니다. 그리고 우리를 구원하셨습니다. 하나님은 죄를 사하셨을 뿐 아니라 영원한 부활의 생명을 주셨습니다.

하나님이 주신 구원의 은혜를 천국에 가서야 누릴 것으로 생각하면 안 됩니다. 구원의 능력은 이 세상에서부터 시작되었고, 드러나고 있습니다. 하나님께서는 구속하신 그분의 백성이 이 땅에서도 승리하는 삶을 살도록 하셨기 때문입니다. 하나님은 우리 각자가 의미 있는 삶, 하나님을 기쁘게 해드리는 삶을 살 수 있도록 준비해두셨습니다.

우리가 의미 있는 삶을 살도록 하기 위해 하나님은 무슨 일을 하셨을까요?

첫째, 하나님은 우리를 걸작으로 만드셨다

하나님은 우리를 걸작으로 만드셨습니다. 고린도후서 5장 17절은 증거합니다. "그런즉 누구든지 그리스도 안에 있으면 새로운 피조물이라 이전 것은 지나갔으니 보라 새 것이 되었도다."

예수를 믿는 모든 성도들은 외모는 예전 그대로인 것 같지만, 속사람은 그 본질이 완전히 달라졌습니다. 속사람이 개조된 정도가 아니라, 완전히 의로운 영적 존재로 재창조되었습니다. 더 이상 육체의 정욕에 끌려 다니는 것이 아니라 성령의 소욕에 붙잡혀 세상에서 승리하며 살아가도록 만들어진 것입니다. 에베소서 5장 8절은 이렇게 증거합니다. "너희가 전에는 어둠이더니 이제는 주 안에서 빛이라 빛의 자녀들처럼 행하라."

그리스도인의 모습에 대해 에베소서 2장 10절은 무엇이라고 말합니까? "우리는 그가 만드신 바라." 이것은 우리가 하나님의 걸작이라는 의미입니다. '최고의 작품masterpiece' 즉 대단한 명품을 뜻합니다. 누구든지 예수를 믿어 그리스도인이 되면 하나님의 걸작이 된다는 것입니다.

하나님이 세상을 창조하실 때, 최고 절정은 인간 창조였습니다.

피조물 가운데 오직 인간이 하나님의 형상을 따라 지어졌기 때문입니다. 하나님은 그분의 영광스러운 형상과 속성을 인간에게 주셨습니다. 그리고 인간에게 세상을 다스릴 권한을 주시고 세상의 관리자로 세우셨습니다. 하나님은 우리 한 사람 한 사람을 귀하고 독특하게 창조하셨습니다. 각 사람은 무엇보다도 개별적인 가치, 곧 희소가치가 있습니다. 외모만 보아도 나같이 생긴 사람은 역사 이래로 한 명도 없었습니다. 이 점에서 자부심과 긍지를 가져도 좋습니다.

프랑스의 대표적 인상주의 화가인 클라우드 모네의 그림을 생각해보십시오. 하나하나 모양은 다르지만 다 걸작이라 불리지 않습니까? 마찬가지입니다. 우리 한 사람 한 사람도 다 모양이 다른 하나님의 걸작입니다. 우리의 차별성은 외모뿐만 아니라 내면에 있어서도 마찬가지입니다. 성격이 다르고 은사와 재능도 다릅니다. 왜 그렇게 만드셨을까요? 그것은 각자 다른 모습으로 세상에 기여할 수 있도록 하기 위함입니다. 각 사람의 능력으로 세상에 유익을 끼치도록 계획하신 것입니다.

둘째, 하나님은 선한 일을 위해 우리를 만드셨다

하나님이 우리 한 사람 한 사람을 걸작으로 만드셨다고 했는데, 구체적으로 어떤 일을 위해서 그렇게 만드셨을까요? 그것은 바로 선한 일들을 이루시기 위함입니다.

하나님은 예수 안에서 거듭난 그분의 자녀라면 그 누구라도 하나님을 기쁘시게 하는 일들을 할 수 있도록 준비해놓으셨습니다. 모든 그리스도인에게 의미 있고 선한 일을 할 수 있도록 충분한 자질과 은사들을 주신 것입니다. 우리는 이 사실을 기억해야 합니다. 우리가 하나님의 손이 되기 위하여 창조되었다는 사실을 기억해야 합니다.

앨버트 슈바이처 박사는 높이 존경을 받습니다. 철학, 신학, 음악, 의학 등 네 부분의 박사학위를 가졌기 때문만은 아닐 것입니다. 다음과 같은 일화가 있습니다. 그가 아프리카 원시림 속에서 흑인과 함께 일하고 있는 것을 보고 한 방문객이 물었습니다. "당신과 같은 사람이 꼭 이렇게 고생스럽게 살아야 합니까?" 이때 슈바이처는 "나를 동정의 눈으로 보지 마십시오. 하나님의 손이 된다는 것이 얼마나 기쁜 일인지 아십니까?"라고 대답했다고 합니다.

인간이 걸작으로 만들어진 이유는 바로 하나님의 일에 쓰임받기 위해서입니다. 하나님의 선한 일을 위해 귀하게 지음받은 것입니다. 그것을 위해 하나님이 모든 달란트를 주신 것입니다. 그 일이 바로 사역이며, 우리 모두는 하나님의 사역자입니다. 여러분도 사역자로서 쓰임받기를 결단하고, 주어지는 사역에 충성하시기 바랍니다.

노벨평화상을 수상한 마더 테레사, 그녀는 마케도니아로 알려진 북부 그리스의 가난한 가정에서 태어났습니다. 7살 때 아버지가 돌아가신 후 어머니는 자수를 하시면서 생계를 꾸렸습니다. 18살 때 테레사는 선교에 자신의 삶을 바치기로 했습니다. 그때 군대 장교였던 오빠는 '출세를 해야지, 무슨 선교를 하느냐'며 꾸짖었습니다. 수녀가 되어 캘커타 수녀원에서 생활하던 테레사는 38살의 나이에 안락한 수녀원에서 무작정 나왔습니다. 가난한 사람들을 섬기며 하나님의 사랑을 행동으로 전파하라는 부르심을 받았기 때문입니다.

그녀는 빈민들을 돌보기 시작했습니다. 당시 사람들은 테레사 수녀를 대수롭지 않게 보았습니다. 신장이 150센티미터도 안 되는 유순하고 연약하게 보이는 여인이었기 때문입니다. 그러나 그의 마음속에는 영적 다이너마이트가 있었습니다. 테레사를 잘 알고 있는 한 동료는 이렇게 말했습니다. "테레사는 대중을 바라보지 않았어요. 그녀는 한 사람 한 사람을 들여다보았어요. 각 사람을 충만한 마음과 사랑의 미소로 대했어요."

테레사는 겸손과 사랑의 사람이었습니다. 특히 소외되고 고통당하는 사람들을 향한 연민과 충성이 남달랐습니다. 그녀에게서 가장 빛나는 부분은 하나님을 향한 헌신이었습니다. 하나님께서 지시한 일이 아무리 힘든 대가를 요구하고 비천해 보여도 그녀의 헌신은 흔들림이 없었습니다. 테레사는 가난한 사람들을 섬기면서 언제나 자신은 예수님을 섬기고 있다고 생각했습니다. 테레사는 자신의 전기 작가에게 "우리는 성공하도록 부름받은 것이 아니라, 신실하도록 부름받은 것입니다"라고 말했으며, 죽기까지 그 신실함을 지켰습니다.

그녀가 세상에 남긴 마지막 말은 "예수님, 당신을 사랑합니다. 예수님, 당신을 사랑합니다"였습니다. 바로 이 고백이 그녀의 힘의 원천이었습니다. 그녀는 갔지만, 그녀의 빛은 꺼지지 않았습니다. 그녀가 하나님 나라에 갔을 당시, 4천여 명의 수녀들이 캘커타의 고아원과 에이즈병동, 그리고 빈민구제소에서 그녀와 함께 섬기고 있었습니다. 테레사는 자신을 언제나 하나님의 작은 몽당연필로 생각했습니다. 예쁘지 않은 몽당연필, 손에 쥐고 그림 그리기도 힘든 몽당연필. 그러나 그녀는 하나님이 작은 몽당연필로 좋아하는 것을 그리신다고 믿었습니다. 하나님은 아무리 불완전한 도구를 가지고도 아름다운 그림을 그리실 수 있다고 믿었습니다. 그렇게 믿은 결과 테레사는 정말 멋진 인생을 완성할 수 있었습니다.

하나님은 우리에게 처음부터 거창한 일을 하라고 명령하시지 않습니다. 그 대신 하나님의 사랑을 가지고 아주 작은 일들부터 하라고 분부하십니다. 이 일에 순종할 때, 하나님의 나라가 임합니다. 하나님의 임재가 나타납니다. 치유와 회복의 역사가 일어납니다. 마태복음 25장을 보면 달란트 비유가 나옵니다.

한 주인이 외국에 가면서 자기의 소유를 종들에게 맡깁니다. 세 종에게 각기 다섯 달란트, 두 달란트, 한 달란트를 맡깁니다. 그리고 다섯 달란트, 두 달란트 받은 종들은 열심히 일해서 각기 받은 만큼의 달란트를 더 남겼습니다. 이때 주인이 무엇이라고 칭찬했습니까? 두 사람에게 똑같이 이렇게 말했습니다. "네가 작은 일에 충성했으니 내가 큰일을 맡기리라."

이 비유 다음에 예수님은 이렇게 말씀하셨습니다. "너희가 여기

내 형제 중에 지극히 작은 자 하나에게 한 것이 곧 내게 한 것이니라." 무슨 이야기입니까? 하나님 나라의 원리는 작은 일이 기본이라는 것입니다. 위대함은 작은 일에서 결정이 난다는 겁니다. 그래서 작은 일에 충성할 때 큰일이 이루어집니다.

그러므로 지금 맡은 일이 하찮고 사소하다고 해서 불평할 필요가 없습니다. 낙망하는 대신 "아멘, 감사합니다"라고 말하십시오. 그리고 맡은 일을 묵묵하고 신실하게 책임감을 가지고 일하시기 바랍니다. 그게 바로 하나님을 기쁘시게 하는 일입니다. 그 일을 잘 감당할 때, 아름다운 열매가 맺힙니다. 그리고 하나님은 그 열매보다 더 큰 열매를 수확하도록 인도하십니다.

우리가 어떤 처지에 있건 간에 얼마든지 의미 있는 일, 하나님을 기쁘시게 하는 일을 할 수 있습니다. 그것은 작은 선행을 실천하는 것입니다. 하나님이 명령하시는 일은 거창한 일이 아닙니다. 작은 선행입니다. 그것을 신실히 감당할 때, 하나님은 우리를 위대하게 만들어주십니다.

가정에서 아이들을 돌보는 일이라고 해서 사소히 여기지 말고 아이들을 더욱 사랑하고 기쁘게 감당하시기 바랍니다. 그것이 주님을 섬기는 일입니다. 작은 가게를 한다고 불평하지 말고 기쁜 마음으로 손님들을 섬기십시오. 그것이 곧 주님께 해드리는 것입니다. 직장에서 만나는 사람들에게 더욱 관심을 가지고 섬기십시오. 그게 주님께 해드리는 것입니다. 그런 삶을 살 때 하나님의 나라가 그곳에 임한다는 사실을 기억하시기 바랍니다.

그뿐 아닙니다. 눈을 돌려서 가난하고 버려진 사람들을 보십시오. 여러분이 가진 달란트로 소외당하는 사람들을 섬기려는 넓은 마음을 가져야 합니다. 주변에 있는 소외된 사람들, 따돌림 당하는 사람들을 섬겨야 합니다. 우리는 얼마든지 나의 작은 섬김으로 하나님을 섬길 수 있습니다. 성경은 바로 이런 삶이 진정으로 의미 있는 삶, 하나님을 기쁘시게 하는 삶이라고 말합니다.

당신은 어떻습니까? 아직도 세상의 명예와 부를 좇아서 성공을 꿈꾸며 살고 있습니까? 그것은 잘못된 항해입니다. 명예와 돈을 많이 가진다고 행복을 누릴 수 있는 것은 아닙니다. 그것은 신기루와 같습니다. 이제 주님의 일에 눈을 돌리십시오. 여러분이 할 수 있는 작지만 선한 일을 시작해보십시오. 당신만이 할 수 있는 일이 있습니다. 그 일을 할 때 당신은 하나님의 임재를 누릴 것이며 그 삶에 하나님 나라가 임할 것입니다. 그것이 바로 의미 있는 삶, 하나님을 기쁘시게 하는 삶입니다.

샌프란시스코의 금문교를 아십니까? 길이 1.45km가 넘는 두 개의 거대한 케이블이 높이 200m가 넘는 두 개의 탑에 매달린 채 차도를 지탱하고 있습니다. 이 차도로 수백만 대의 차들이 지나갑니다. 케이블의 직경은 약 1미터인데, 무게가 각각 10만 톤이 넘는 이 케이블을 어떻게 탑에 달았을까요? 케이블 하나는 실제로 27,572개의 가는 철사로 만들어졌습니다. 이 철사들을 하나하나 옮겨놓은 다음, 한 데 묶어 61개의 봉으로 만들었습니다. 그런 다음 봉들을 압축하여 묶은 것입니다. 그리고 제일 마지막으로 가는 철사로 케이블을 감아 매끄럽게 끝마무리를 했습니다. 10만 톤이 넘는 이 케이블도 결국 가는 철사 하나하나가 모여 만들어졌다는 것을 기억하십시오.

하나님은 우리의 작은 선한 일 하나하나를 모아서 이 땅에 하나님 나라가 능력 있게 임하도록 하십니다. 그 일을 위해 하나님은 각 사람을 사용하기 원하십니다. 작은 일에 충성하십시오. 5달러짜리 쇠 한 덩이로 말편자를 만들면 50달러에 팔 수 있고, 바늘을 만들면 5천 달러어치를 만들 수 있으며, 시계를 만들면 5만 달러 이상의 가치를 만들어낼 수 있다고 합니다. 이처럼 같은 재료라도 사용하기에 따라 그 가치가 달라집니다.

그리스도인도 마찬가지입니다. 동일한 구원으로 거듭난 성도라 해도, 그들 중에는 하나님께 기쁨이 되는 사람이 있는가 하면 슬픔이 되는 사람도 있습니다. 구원은 출발일 뿐입니다. 그 구원을 빛나게 하는 가치는 각 사람의 삶을 통해 드러납니다. 그리스도인의 참된 가치는 그가 얼마나 예수 그리스도와 닮은 사람인가에 달려 있습니다. 그래서 우리는 아무리 어렵고 고단한 길이라 할지라도 예수님을 닮아가는 노력을 포기할 수 없습니다. 하나님의 걸작답게 살아가시기 바랍니다.

|다|짐|기|도|

우리 각 사람에게 독특한 강점과 은사를 주셔서
세상을 섬기게 하심을 감사합니다.
비록 작은 섬김이지만 그로 인해 세상이 변할 줄 믿습니다.
삶 가운데 하나님의 능력이 임하게 하옵소서.
작은 섬김들이 물줄기가 되어
하나님의 나라가 능력 있게 확장되기를 소망합니다.
내 모습 그대로 하나님의 걸작임을 입술로 고백합니다.
하나님의 귀한 일꾼으로 살아가도록 인도하옵소서.

PART 2
행복한 인생을 가꾸라

많이 가지고도 불행한 사람이 있는가 하면 적게 가지고도 행복한 사람이 있습니다. 높이 올라가서도 불행한 사람이 있고, 낮은 곳에 살면서도 행복한 사람이 있습니다. 그러므로 행복한 삶의 기준은 절대적입니다. 사람은 누구나 자기 안에 행복을 불러들이는 만큼 행복해집니다.

이스라엘아 네 하나님 여호와께서 내게 요구하시는 것이 무엇이냐
곧 네 하나님 여호와를 경외하여
그의 모든 도를 행하고 그를 사랑하며
마음을 다하고 뜻을 다하여 네 하나님 여호와를 섬기고
내가 오늘 네 행복을 위하여
네게 명하는 여호와의 명령과 규례를 지킬 것이 아니냐
신 10:12~13

CHAPTER
05

진정한 행복을 누리라

　교황 요한 바오로 2세가 "나는 행복합니다. 그대들도 행복하시오"라는 마지막 말을 남기고 세상을 떠났다고 합니다. 이 한마디에 온 인류는 감동을 받았습니다. 왜 그럴까요? 모든 사람이 '행복'을 추구하고 있기 때문입니다. 예나 지금이나 '행복한 인생', '행복한 가정', '행복한 학교' 등의 말이 많이 사용되고 있습니다. 지난 20년간 가장 많이 발달한 학문이 '행복학'이며, '행복학자'도 생겨났습니다.

　행복학자 데이비드 마이어 박사는 행복에 대해 한마디로 "행복은 주관적인 자기만족이다"라고 말하고 있습니다. 무조건 많은 돈을 가졌다고, 높은 지위를 가졌다고 행복한 것이 아니라, 그 기준이 주관적이라는 것입니다. 행복은 외적 조건이 아니라 내적 만족에 따른 것임을 설명하고 있습니다. 많이 가지고도 불행한 사람이 있는가 하면 적게 가지고도 행복한 사람이 있습니다. 높이 올라가서도 불행한 사람이 있고, 낮은 곳에 살면서도 행복한 사람이 있습니다. 그러므로 행복한 삶의 기준은 절대적입니다. 사람은 누구나 자기 안에 행복을 불러들이는 만큼 행복해집니다.

그렇다면 어떻게 해야 행복할 수 있을까요? 다음의 성경말씀을 살펴보겠습니다.

> 이스라엘아 네 하나님 여호와께서 네게 요구하시는 것이 무엇이냐 곧 네 하나님 여호와를 경외하여 그 모든 도를 행하고 그를 사랑하며 마음을 다하고 성품을 다하여 네 하나님 여호와를 섬기고 내가 오늘날 네 행복을 위하여 네게 명하는 여호와의 명령과 규례를 지킬 것이 아니냐(신 10:12~13).

이 말씀에서 우리는 행복은 목표가 아니라 결과라는 것을 알 수 있습니다. "오늘날 네 행복을 위하여 네게 명하는 여호와의 명령과 규례를 지킬 것이 아니냐"라는 말씀을 보십시오. 행복을 위하여 하나님의 명령과 규례를 지켜야 한다고 말하고 있습니다. 다시 말해 하나님의 명령과 규례를 지키면 행복은 부산물로 떨어진다는 것입니다. 그러면 우리가 일반적으로 생각하는 행복의 조건은 무엇입니까?

첫째, 건강한 사람은 행복하다

행복하려면 기본적으로 건강해야 합니다. 아무리 돈이 많고 출세했어도 건강을 잃고 병실에 누워 있으면 행복하다고 볼 수 없습니다. 〈열왕기하〉에 등장하는 나아만 장군은 돈도 많고 출세도 한 사람이었습니다. 그러나 문둥병에 걸려 심한 고통을 겪었습니다. 그는 요단 강에 몸을 담그고 깨끗함을 입기까지 과연 행복했을까요? 아마 그렇지 않았을 것입니다.

단잠을 잘 수 있는 사람 또한 행복한 사람입니다. 잠을 달게 잘 수 없다는 것은 문제가 있다는 것이기 때문입니다. 성경은 다음과 같이 기록하고 있습니다. "그러므로 여호와께서 그 사랑하시는 자에게는 잠을 주시는도다"(시 127:2). 악몽에 시달리면서 10분 자다가 깨고, 20분 자다가 일어나면 밤이 괴롭습니다. 낮에는 항상 피곤하고 하품만 하게 되니 낮도 괴롭습니다. 물질을 잃어버린 것은 조금 잃어버린 것이고, 인격을 잃어버린 것은 많이 잃어버린 것이고, 건강을 잃어버린 것은 전부를 잃어버린 것이라고 합니다. 그래서 건강관리는 매우 중요합니다.

우리나라 통계청에서 한국인의 병력에 대하여 발표하였습니다. 일반적으로 사람은 하루 24시간 중에 8시간은 일하고 8시간은 자고 8시간은 기타 시간으로 쓰는 것이 가장 바람직하다고 합니다. 중세 알프레드 대왕이 이렇게 살았다고 하여 이를 '알프레드 삼분률'이라고 부릅니다. 그런데 우리나라 남성은 일생 동안 아픈 기간이 평균 13년으로 일생에 19.4%를 아파서 누워 있고, 여성은 평균 18년을 앓아누워 있기에 일생의 24%를 아픈 상태로 지낸다고 합니다. 그래서 남녀 평균적으로 인생 전체의 20%를 병으로 누워서 보낸다는 것입니다. 결국 우리나라 사람은 하루 평균 8시간 일하고 8시간 자고 4시간 아프고 4시간 기타 시간으로 쓴다는 사실이 밝혀졌습니다.

최근 '건강하게 사는 비결'이라고 하여 수많은 학자들의 연구 끝에 발표된 내용이 있습니다. 건강하게 사는 7가지 비결을 통해 우리는 놀라운 사실을 하나 발견할 수 있는데, 건강의 비결이 바로 성경을 기반으로 한다는 점입니다.

골고루 먹되 소식하라

의학의 아버지라 불리는 히포크라테스는 "음식으로 고치지 못하는 병은 약이나 의사도 고치지 못한다"고 했습니다. 그만큼 음식이 중요하다는 것입니다. 특히 육류는 적게 먹는 것이 좋습니다. 동물이 죽으면 즉시 부패균이 증식되는데 1g의 육류 속에는 3천만에서 1억 마리 이상의 세균이 들어 있습니다.

모든 육식동물에는 육류 섭취 때 생기는 독성 물질인 요산을 분해시키는 효소가 있습니다. 그러나 사람에게는 이 효소가 없기 때문에 육류를 먹고 생기는 요산의 독성을 중화시키기 위해서 알칼리성 예비물인 칼슘을 끌어다 쓰게 됩니다. 그래서 골다공증, 치아 손상을 일으키게 되며 중화 작용 중 생기는 칼슘 요산 결정체들이 체내 곳곳에 정체되어 통풍 관절염, 활액낭염, 류머티즘, 동맥경화, 부종, 요통, 백내장, 신장석, 담석증, 피부 노화 등이 발생합니다.

그러므로 육류와 함께 야채와 과일 등을 골고루 먹는 것이 건강에 좋습니다. 미국의 한 보고에 의하면 순수 채식주의자는 일반인들에 비해서 암 사망률이 39%나 낮았습니다. 태초에 하나님의 창조 후 타락 이전까지 인간은 채식을 했습니다. 성경의 이치는 오늘날 건강학에도 적용됩니다.

깨끗한 물을 자주 마시라

하루에 콜라 한 병이면 일 년에 대략 5kg의 체중이 불어나기 때문에 콜라를 좋아하는 미국인들에게는 비만이 많습니다. 정수된 생수를 마시면 혈액순환이 촉진되며, 임파액의 활동이 촉진되고, 생리적 포도당이 발생하며, 세포의 신진대사와 모관 작용이 촉진되고, 신장과 간장의 세척 작용이 원활히 이루어집니다. 생수를 마시지 않는 사람은 신진대사가 잘 안되고 점점 노폐물이 축적되어 빨리 늙게 됩니다. 사람의 체세포는 16~18시간 정도에 분열 작용이 이루어지므로, 물을 충분히 마시지 않으면 대장 내 찌꺼기를 청소할 수 없습니다. 창세기 2장을 보면 에덴에서 강 하나가 흘러나와 그 동산을 적신 다음 네 줄기로 갈라졌다고 나와 있습니다. 태초부터 물은 모든 생명의 근원이었던 것입니다.

잘 자고 쉬라

보통 사람이 건강을 유지하려면 7시간 정도 푹 자는 것이 좋습니다. 10~11시에 자고 새벽에 일어나 산책이나 독서, 묵상을 하면 건강에 도움이 됩니다. 이렇게 보면 교회에서 새벽기도 드리는 사람은 건강한 사람들입니다. 한편 일과 중에 짬짬이 차를 마시며 휴식을 하는 것도 건강에 아주 좋습니다. 미 육군에서 8시간을 계속 행군시킨 부대와 50분 행군하고 10분 휴식을 하게 한 부대를 비교해보니, 휴식하면서 행군한 부대가 낙오병 없이 훨씬 멀리 갈 수 있었습니다. 성경은 우리에게 안식일의 개념을 강조합니다. 인간에게 휴식이 필요함을 역설하고 있는 것입니다.

두뇌 훈련을 하라

미네소타 의과대학 신경과학과 교수인 김대식 박사는 "뇌를 알면 놀면서도 1등 하는 방법이 있다"고 했습니다. 그가 말하는 두뇌 훈련 방법을 살펴봅시다.

- **연결시켜 기억하라** 새 정보와 이미 알고 있던 정보 사이의 연결고리를 통해 연상하라는 것이다.

- **양손을 사용하라** 뇌는 오른쪽 뇌와 왼쪽 뇌로 나뉘져 있다. 양손을 사용하면 뇌를 균형적으로 발달시킬 수 있다.
- **잠자기 직전에 공부하라** 잠자기 전, 꿈꾸기 전에 외운 것이 더 잘 기억된다.
- **외우지 말고 이해하라** 인간의 뇌는 주변 환경을 분석하고 이해하면서 작용한다. 뭔가를 배울 때 이것을 왜 배우고 공부해야 하는지 뇌에게 잘 '설명'하면 좋은 결과를 얻을 수 있다.
- **오래 사귈수록 나쁜 게 TV다** 텔레비전은 한꺼번에 방대한 양의 정보를 주기 때문에 뇌가 정보를 수동적으로 받아들이게 된다. 이것이 반복되다 보면 나중에 뇌가 새로운 정보를 능동적으로 얻고 처리할 때 방해가 될 수 있다.
- **일상적인 것에 반대하라** 우리의 뇌는 변화를 즐긴다. 뇌는 틀에 박혀 있고 단조로우며 변화가 없는 것을 싫어한다.
- **여행하라** 여행은 뇌를 재충전하고 깨어 있게 하는 좋은 방법이다. 이국적인 곳을 여행할수록 풍부한 자극을 경험하게 돼 더욱 좋다. 여행은 뇌의 환경이 결정되는 12세 전후가 지나기 전에 할수록 좋다. 새로운 장소나 다양한 인종, 이국적인 음식들을 접하면 뇌의 활동에 도움이 된다.

- **새로운 것을 먹어라** 늘 먹던 음식보다 한 번도 먹어보지 못한 다른 나라 음식을 맛보는 것은 뇌에 새로운 자극을 주어 일상에 지쳐 있는 머릿속을 상쾌하게 만들어준다.
- **도전하고 배워라** 뇌는 도전을 즐긴다. 외국어, 붓글씨, 모형 비행기 조립, 도자기 공예, 그림 등 무엇이든 도전해보라.
- **다른 사람을 따라 하지 마라** 뇌는 도전을 좋아하는 동시에 다른 것을 잘 따라 하는 특성도 가지고 있다. 하지만 배우고 기억하는 능력을 높이기 위해서는 다른 사람과 같아지려고 하는 뇌의 명령을 거부해야 한다.

덕담을 나누라

특히 칭찬하는 말은 행복을 증진시키고 용기를 줍니다. 덕담은 좋은 인간관계를 만드는 밧줄이 됩니다. 인간의 모든 세포는 언어중추에 의해 98% 지배를 받습니다. 불평 대신 감사를 말하고 명랑한 언어, 서로 격려하는 언어를 생활화해야 합니다. 주변의 사람들이 행복해지면 더불어 당신도 행복해지고 건강해질 것입니다. 성경에서는 범사에 감사할 것을 이야기하고 있습니다. 하나님께 드리는 예배의 핵심이 감사임을 기억하십시오.

즐거운 마음으로 일하라

앞으로 20~30년 동안 무슨 일을 할 때가 가장 행복할지 스스로에게 물어보고 정말로 하고 싶은 그 일을 하시기 바랍니다. 즐기면서 일하는 사람에게는 행복과 건강이 따라옵니다. 그 일을 가진 사람은 행복한 삶의 요건을 가지고 있는 셈입니다. 즐겁게 몰입할 수 있는 일이 있다는 것은 행복의 중요한 조건입니다.

칼라일은 "자기 일을 찾은 사람은 행복하다"라고 말했습니다. 반대로 하기 싫은 일을 억지로 하는 사람은 불행합니다. 성경에서는 "오직 수고하고 애써 주야로 일함"(살후 3:8)이 바람직하다고 이야기하고 있습니다.

기도하라

기도는 초자연적인 능력이 우리 속에 역사하도록 간구하는 겸손한 행위입니다. 그래서 모든 종교에는 기도가 있습니다. 기도하는 사람은 자기의 염려와 근심을 맡겨버리고 자유로울 수 있어서 건강에 좋습니다. 실제로 신앙생활을 하는 사람이 그렇지 않은 사람보다 더 오래 산다는 연구 결과가 있습니다.

둘째, 웃는 사람은 행복하다

기쁠 때 소리 내어 웃는 것은 건강에 아주 좋습니다. 별로 우습지 않은데도 손바닥을 치며 소리 내어 웃는 것도 정말 기뻐서 웃을 때의 98%까지 효과가 있다고 합니다. 세계 여러 곳에 웃음 치료 Laugh-Theraphy하는 곳들이 생겨나고 있습니다. 미국 덴버에 사는 어떤 사람은 유머러스한 비디오를 통한 웃음 치료 덕분에, 관절염으로 무섭게 뒤틀렸던 팔다리와 관절이 회복되었다고 합니다. 웃을 일이 있을 때 웃는 것은 누구든지 할 수 있습니다. 그러나 웃을 일이 없을 때에도 항상 웃을 수 있는 것은 행복의 조건입니다. 행복할 때만 웃는다면 별로 웃을 일이 없을 것입니다. 그러나 어떠한 상황에서도 먼저 웃을 때 행복해진다는 것을 알면 항상 웃을 수 있습니다. 잘 웃으면 3가지 효과가 나타납니다.

건강 촉진

웃음은 그리스어로 '겔로스gelos'입니다. 이 말의 어원은 '헬레hele'이며 그 의미는 '건강health'입니다. 고대인들은 웃음을 곧 건강이라고 생각했던 것입니다. 솔로몬은 말했습니다. "마음의 즐거움은 양약이라도 심령의 근심은 뼈를 마르게 하느니라"(잠 17:22). 실제로 모든 병의 67%가 스트레스에서 온다는 사실이 밝혀지고 있습니다.

몬트리올 대학의 한스웰 교수가 이런 실험을 하였습니다. 쥐들을 기르면서 그 앞으로 고양이를 하루 한 번씩 지나가게 하였습니다. 그때마다 쥐들은 공포심을 느끼며 숨었습니다. 4일이 지난 후 쥐들에게 위궤양이 생기기 시작하였습니다. 일주일이 지나자 위에 구멍이 생기고, 심장이 망가지기 시작하였습니다. 그러더니 얼마 살지 못하고 죽고 말았습니다. 쥐들은 단지 스트레스를 받았을 뿐이었지만 그것이 병을 유발하여 죽음으로 몰아갔습니다.

사람도 마찬가지입니다. 기분 나쁘게 하는 사람을 계속 만나면 스트레스를 받습니다. 일상 속에서 스트레스를 계속 받으면 보이지 않게 건강이 나빠집니다. 누구에게나 하루에 300~400개 암세포가 생긴다고 의학자들은 말합니다. 이런 암세포가 뭉쳐 암이 되는 것입니다. 그러나 암세포를 그때그때 죽이면 암이 되지 않습니다. 웃을 때 우리 몸에서 분비되는 엔도르핀은 암세포를 죽이는 역할을 합니다.

한 번의 폭소는 막힌 혈관을 뚫어줍니다. 산소 부족과 운동 부족 그리고 영양 부족의 문제를 웃음이 해결해줍니다. "웃음은 정신적인 조깅이다"라고 말하는 의학자들도 있습니다. 즐겁게 사는 사람은 늘 엔도르핀을 많이 배출함으로 건강한 삶을 살아가게 됩니다. 일찍이 솔로몬은 "마음의 즐거움은 양약"이라고 말했습니다. 벌써 3천 년 전에 솔로몬은 이런 사실을 깨달은 것입니다. 암세포는 뜨거운 것을 가장 싫어한다고 합니다. 그러므로 뜨겁게 기도하고, 뜨겁게 찬송하고, 뜨겁게 운동하면 암세포는 뜨거움 속에서 저절로 녹아내리게 됩니다.

친화 작용

함께 웃으면 하나 되고 친숙해집니다. 서로 바라보며 웃을 때 마음의 장벽이 무너지고 신뢰감이 형성됩니다. 인류 역사상 가장 불행한 장면은 600만 명의 유대인이 학살당하는 장면일 것입니다. 하지만 아우슈비츠 학살장에서 가스실로 끌려가면서도 웃음을 잃지 않은 사람들이 있었다고 전해집니다.

그곳에서 살아난 빅터 프랭클은 "유대인들이 고통을 당하면서도 이겨낼 수 있었던 것은 웃음을 잃지 않았기 때문이었다"라고 말했습니다. 유대인의 대학살을 기록한 스티브 리프맨 박사는 《지옥에서의 웃음》이라는 책에서, 2차 세계대전이 끝났을 때 유대인 웃음의 황금기는 끝났다고 말했습니다. 오히려 고통스러울 때 많이 웃으면서 살아가는 힘을 얻었던 것입니다.

기억 촉진

웃으면서 배운 것은 잘 잊히지 않습니다. 그렇기에 웃으면서 살면 많은 유익이 있습니다. 그래서 바울은 "항상 기뻐하라"고 말합니다. 스웨덴의 노먼 커슨스 박사는 사람이 10분간 통쾌하게 웃으면 두 시간 동안 고통 없이 편안하게 잠잘 수 있다고 밝혔습니다. 또 미국 스탠퍼드대학교의 윌리엄 프라이 박사는 한바탕 크게 웃을 때 우리 몸의 650개 근육 중 231개 근육이 움직여 많은 에너지를 소모하기에 신진대사가 잘된다고 발표하였습니다. 로메인 게리는 "유머는 품위의 확산이자, 우월성의 선언이며, 인격의 향기"라고 표현했습니다. 불행한 사람은 조그만 불행도 현미경을 쓰고 보지만 성숙한 사람은 큰 불행도 망원경을 쓰고 봅니다. 항상 웃으면서 사는 사람이 건강한 사람입니다.

셋째, 사랑하면 행복해진다

사랑을 받는 사람은 어떤 역경을 만나도 잘 극복해갈 수 있습니다. 식물도 사랑을 먹고 자라면 건강하다는 연구 결과가 발표되었습니다. 미국에서는 해마다 옥수수 상품을 잘 만든 사람을 표창하는 옥수수 콘테스트가 열린다고 합니다. 어느 해 일등 수상자에게 "어쩌면 이렇게 옥수수를 탐스럽게 가꾸었습니까?"라고 기자들이 묻자 그가 대답했습니다. "나는 독한 농약을 사용하지 않았습니다. 그리고 날마다 나무를 만지며 사랑해주었습니다. 다른 비결은 없습니다." 옥수수도 사랑을 받고 자라면 건강합니다.

오래전에 버클리대학에서 사랑과 생명의 관계성을 연구하였습니다. 세 마리의 쥐 중에서 첫 번째 쥐에게는 먹이만 주었습니다. 두 번째는 다섯 마리 쥐를 모이게 해서 먹이를 주었습니다. 세 번째는 사람의 손에 쥐를 올려놓고 부드럽게 쓰다듬으면서 먹이를 주었습니다. 그 결과 첫 번째 쥐는 600일을 살았습니다. 두 번째 쥐는 700일을 살았습니다. 세 번째 쥐는 무려 950일을 살았습니다. 해부한 결과 사랑을 받고 자란 쥐는 다른 쥐들에 비하여 뇌가 무겁고 크다는 것이 발견되었습니다. 사랑을 받으면 오래 삽니다. 그러므로 상대방이 오래 살기를 바라면 사랑해주어야 합니다. 솔로몬은 "채소를 먹으며 서로 사랑하는 것이 살진 소를 먹으며 서로 미워하는 것보다 나으니라"(잠 15:17)라고 말했습니다. 사랑하고 사랑받는 것은 다른 물질적 만족보다 더 소중한 일입니다. 행복의 비결은 결국 서로 사랑하는 것입니다.

넷째, 믿음과 소망을 가진 사람은 행복하다

위의 3가지를 통해 행복을 얻었더라도 믿음과 소망이 없다면 진정한 행복이 아닙니다. 혹시 행복하지만 무엇인가 2% 부족하다고 느끼는 분이 있습니까? 진정한 행복의 비결은 여기에 있습니다. 하나님을 믿고 그분으로 인해 소망을 가지시기 바랍니다.

미국 디트로이트의 헨리 포드 박물관에는 다음과 같은 말이 새겨져 있습니다. "헨리는 꿈을 꾸는 사람이었고 그의 아내는 기도하는 사람이었다." 꿈꾸는 남편과 기도하는 아내가 있는 가정은 행복합니다. 자동차 왕 헨리 포드는 기업을 크게 이루고 고향에 조그마한 집 한 채를 지었습니다. 그 집은 대기업 총수가 살기에는 매우 작고 평범한 집이었습니다. 사람들이 와서 물었습니다. "이건 너무 초라하지 않나요? 호화롭지는 않더라도 생활에 불편하지는 않아야지요." 이 말을 듣고 포드는 말했습니다. "가정은 건물이 아닙니다. 비록 작고 초라하더라도 예수님의 사랑이 넘친다면 그곳이야말로 가장 위대한 집이지요." 헨리 포드는 그 집에서 아내와 함께 행복하게 살았습니다. 믿음과 소망을 잃지 않고 살아가는 사람이 행복한 사람입니다.

|다|짐|기|도|

참된 믿음의 대상이요 소망이 되시는
예수 그리스도를 알게 하심을 감사합니다.
신명기 말씀을 통해 진정한 행복의 비결을 알았습니다.
믿음과 소망을 가지고 하나님의 말씀을 지키면서 살게 하옵소서.
그렇게 살 때 행복은 절로 얻어지는 것임을 믿습니다.
날마다 주님의 말씀을 따라 살며 진정한 행복을 누리게 하옵소서.

어떤 이들은 투기와 분쟁으로, 어떤 이들은 착한 뜻으로
그리스도를 전파하나니 이들은 내가 복음을 변증하기 위하여
세우심을 받은 줄 알고 사랑으로 하나
그들은 나의 매임에 괴로움을 더하게 할 줄로 생각하여
순수하지 못하게 다툼으로 그리스도를 전파하느니라
그러면 무엇이냐 겉치레로 하나 참으로 하나 무슨 방도로 하든지
전파되는 것은 그리스도니 이로써 나는 기뻐하고 또한 기뻐하리라
빌 1:15~18

CHAPTER
06

그럼에도 불구하고 기뻐하라

《헬렌 켈러의 자서전My Story》을 보면 반복되는 문장이 하나 있습니다. "나는 기뻤습니다. 그리고 나는 행복했습니다." 헬렌 켈러는 듣지 못하고 말하지 못하고 보지 못하는 3중의 고통을 겪으며 살았습니다. 그런데 이 여인이 매 순간 기뻐하며 행복할 수 있었던 가장 큰 비결이 무엇이었을까요?

한 전기 작가는 헬렌이 설리번 선생의 도움으로 마음의 눈을 뜨기 시작한 후부터 행복해졌다고 기록하고 있습니다. 헬렌과 설리번 선생이 색깔에 대해 나누었던 대화가 좋은 예가 될 수 있을 것입니다. 헬렌이 먼저 질문합니다.

"선생님, 갈색이 어떤 색깔이에요?"

"헬렌의 머리 색깔과 같단다."

"제 머리 색깔이 아름다운가요?"

"그럼, 헬렌의 마음처럼 아름답고 곱단다."

상상력과 마음의 눈으로 주변의 세계를 따뜻하게 감지하는 학습을 통해서 헬렌은 모든 것을 받아들였습니다. 그리고 그녀에게 있어서 장애는 더 이상 고통이 아니었습니다. 열악한 환경에서도 날마다 기쁨과 행복을 느끼며 살 수 있었기 때문입니다.

오늘날 많은 사람이 행복하지 않은 인생을 살아가고 있습니다. 인생에는 행복한 순간보다 고통을 견뎌내야 하는 시간이 더 길다고 생각하고 있습니다. 어떤 사람은 인생을 단지 견뎌내야 하는 고통의 연속으로만 이해하기도 합니다. 그런 사람들은 행복해지기 위해서 삶의 조건이 더욱 완벽해야만 한다고 생각합니다. '만약 지금 내 상황을 바꿀 수 있다면 삶이 더 근사해질 텐데…. 모든 문제를 제거하기만 할 수 있다면, 할 수만 있다면…'

그러나 여러분, 문제없는 인생이 어디에 있습니까? 만약 당신이 행복과 기쁨이 넘치는 생활을 하고 싶다면 바로 지금의 상황 속에서, 바로 그 문제 속에서, 진짜 삶의 경험들 속에서 즐거워하는 법을 배워야 합니다. 만약 우리가 경치 좋고 먹을 것이 풍족한 곳에서만 행복을 느낄 수 있다면, 그곳을 떠나는 순간 우리의 행복은 사라지고 말 것입니다. 행복은 순간적인 것이 아닙니다. 행복은 환경적인 것도 아닙니다. 외부 조건에서 오는 것이 아니라는 뜻입니다. 진정한 행복은 내가 어떤 생각을 가지고 사느냐에 따라 결정됩니다.

빌립보서 1장 15~18절 말씀의 배경을 보면, 사도 바울은 지난 4년간 비참한 환경 가운데 있었습니다. 그는 자신의 사역을 방해하는 사람들에 의해 조작된 혐의로 2년간 가이사랴에서 감옥생활을 해야만 했습니다. 그리고는 당시 악명이 높았던 네로 황제 앞에 서기 위해 로마로 가는 배에 태워졌습니다. 도중에 배는 난파되었고, 섬에 닿은 후에 독사에게 물리기도 했습니다. 겨울까지 거기에서 기다려야 했으며, 로마에 가서 재판을 받을 때까지 또 2년을 감옥에서 보냈습니다. 얼마나 고통스럽고 열악한 상황입니까?

그러나 이 모든 상황에도 불구하고 바울은 "나는 기뻐하고 또한 기뻐하리라"(빌 1:18)라고 고백했습니다. 도대체 바울의 기쁨의 비결은 무엇이었을까요? 어떻게 그는 감옥에서도 긍정적인 자세를 잃지 않고, 역경을 딛고 승리할 수 있었을까요? 어떻게 계획이 모두 좌절되는 상황에서도 기쁨에 찬 고백을 할 수 있었을까요? 바울은 어떠한 환경에서도 행복할 수 있는 비결을 우리에게 제시하고 있습니다. 바울과 같이 날마다 주 안에서 기뻐하고 승리하는 삶을 사시기를 바랍니다.

첫째, 삶에 대한 새로운 시각을 가지라

모든 사람이 문제를 가지고 살아갑니다. 문제들을 지닌 채 교회에 가서 예배를 드리고 있습니다. 그러나 우리가 갖고 있는 문제는 우리의 생각만큼 그렇게 중요한 것이 아닙니다. 문제 자체보다 그 문제를 바라보는 시각이 훨씬 더 중요합니다. 문제를 보는 시각을 바꾸면 많은 문제 속에서도 행복해질 수 있습니다. 무엇보다 하나님의 관점으로 문제를 바라보는 것이 중요합니다. 그럴 때 참 기쁨과 행복을 누릴 수 있습니다. 새로운 시각이 모든 것을 변하게 할 수 있습니다.

빌립보서 1장 12절에서 바울은 "형제들아 나의 당한 일이 도리어 복음의 진보가 된 줄을 너희가 알기를 원하노라"라고 말씀합니다. 여기서 '나의 당한 일'이란 전도하다가 붙잡혀서 로마 감옥에 들어간 사건을 말합니다. 이런 환경에 처한 바울이 무엇이라고 말합니까? "이제 감옥에 들어앉게 되었으니 전도하기는 틀렸고 내 인생은 이제 끝이야"라고 말할 수도 있을 것입니다. 그러나 바울은 다른 말을 하고 있습니다. "나의 당한 일이 도리어 복음의 진보가 되었다"는 것입니다.

우리는 최악의 상황 속에서도 최선의 것을 볼 수 있어야 합니다. 문제가 우리 앞에서 사라지지 않을지라도 하나님께서 그 문제 가운데서 일하고 계신다는 것을 볼 수 있어야 합니다. 바울은 자유를 잃어버렸습니다. 아마도 그의 두 손은 쇠사슬에 매여 있었을 것입니다. 다음의 말씀을 보십시오. "이러므로 나의 매임이 그리스도 안에서 온 시위대 안과 그 밖의 모든 사람에게 나타났으니"(빌 1:13).

바울은 언제나 헬라제국의 수도인 로마로 가기를 원했습니다. 이방인의 사도로 제국의 수도에서 핵폭탄과 같은 은혜의 복음을 선포하기를 원했습니다. 그런데 엉뚱하게도 하나님은 그를 감옥에 보내셔서 궁전 경비병들에 의해 연금되게 만드셨습니다.

바울은 "하나님 이럴 수가 있습니까? 나는 그래도 지금까지 결혼도 하지 않고 십자가의 복음을 전했는데 하필이면 로마에서 감옥으로 집어넣으십니까? 어떻게 복음을 전하라고 그러십니까? 하나님 너무하십니다!"라고 항변을 해야 정상일지 모릅니다. 그런데 오히려 자신이 감옥에 들어간 것이 복음 전파를 위해 더 잘된 것이라고 이야기합니다. 로마로 가고 싶어 했던 자신을 감옥에 보내신 것이 하나님의 뜻이라고 확신했던 것입니다.

금세기 초 세계의 존경과 사랑을 받은 지휘자 토스카니니는 원래 첼로 연주자였습니다. 그는 심한 근시로 인해 연주 중에 악보를 제대로 볼 수 없었습니다. 그래서 연주할 때마다 악보를 모두 외웠다고 합니다. 그러던 어느 날 연주회를 앞두고 그 악단의 지휘자가 갑자기 병원에 입원하게 되었습니다. 단원 중 누군가가 대신 지휘해야 하는 상황에 놓였습니다. 그때 악보를 모두 외우고 있던 토스카니니가 선발되어 지휘를 했고, 그 일을 시작으로 하여 세계적인 지휘자의 길을 걷게 되었습니다. 만약 토스카니니가 그토록 시력이 나쁘지 않았다면 그는 유럽의 한 첼로 연주자로만 남았을 것입니다.

고통을 경험하는 것은 괴롭고 어려운 일입니다. 그러나 고통은 더 큰 능력을 담을 수 있는 그릇을 만든다는 것을 위의 예화를 통해 알 수 있습니다. 토스카니니는 다음과 같은 말을 남겼습니다.

> 어려울 때 힘이 되어주신 하나님께 감사드립니다. 좋은 환경이 아니라고 해서 불평하지 맙시다. 좋은 환경만이 좋은 결과를 가져오는 것은 아닙니다. 아담은 에덴동산과 같은 좋은 환경에서도 타락했습니다. 눈물에 대해서도 감사를 드립시다. 눈물 맺힌 눈으로 바라볼 때 하나님을 더 똑똑히 볼 수 있습니다. 우리가 어려울 때일수록 하나님께서는 우리에게 가까이 오셔서 우리를 보호해주시고 힘이 되어주십니다.

우리에게 닥친 어떤 환경도 결코 '불행한' 것이 아닙니다. 그 가운데에 우리를 보다 나은 길로 인도하시는 하나님의 섭리가 있기 때문입니다. 이런 확신이 있어야 그 순간을 기쁨으로 이겨나갈 수 있습니다.

바울은 지금 시위대 안의 감옥에 갇혀 있습니다. 로마 시위대는 오늘날로 말하면 청와대 경호실쯤 될 것입니다. 로마제국의 엘리트 군인 중에서 가이사가 자신의 경호원으로 따로 선발한 근위병들이었습니다. 그들은 제국에서 가장 높은 급료를 받고 있었으며, 은퇴한 후 12년이 지나면 로마의 지도자가 되는 것이 당시 제도였습니다.

한번 생각해보십시오. 바울이 로마제국 전체를 향해 복음을 증거하는 데 있어서 이들보다 더 효과적이고 전략적인 그룹은 없었을 것입니다. 하나님께서 바울을 로마에 보내셨고 네로가 급료를 지불하면서까지 로마의 장래 지도자들을 4시간마다 교체해가며 바울에게 보냈습니다. 그리하여 2년간 바울은 4,380명의 호위병에게 말씀을 증거했습니다. 부자유한 상황에서도 그는 하나님의 복음을 선포할 수 있는 기회를 놓치지 않았습니다.

결과는 어떻게 되었습니까? 빌립보서 4장 22절에 보면 "모든 성도들이 너희에게 문안하되 특별히 가이사의 집 사람들 중 몇이니라"라고 나와 있습니다. 바울이 로마 감옥에서 빌립보교회를 향해서 편지를 쓸 때, 바울과 함께 문안에 동참하고 있는 사람 중에 로마 황제 가이사(네로)의 집안사람이 있었다는 말입니다. 심지어 네로의 가족들 중 그의 아내와 어머니 그리고 자녀들 중에 예수를 믿는 자가 있었습니다. 이 사실을 알게 된 네로 황제는 예수님을 믿는다는 이유로 그들을 다 죽였습니다. 그들이 로마 복음화에 순교의 제물이 된 것입니다.

빌립보서 1장 14절에 보면 "형제 중 다수가 나의 매임을 인하여 주 안에서 신뢰하므로 겁 없이 하나님의 말씀을 더욱 담대히 말하게 되었느니라"라고 나와 있습니다. 바울이 가장 불행한 상황 속에서 기쁨으로 복음을 전하는 것을 보고, 많은 사람이 용기를 가지고 힘 있게 복음을 전했던 것입니다. 이처럼 용기는 전염성이 있습니다. 마치 산불처럼 번져나갑니다. 바울이 담대했기 때문에 다른 성도들도 담대해졌습니다.

우리는 삶 가운데 언제나 기뻐할 수 있어야 합니다.

> 우리가 알거니와 하나님을 사랑하는 자 곧 그 뜻대로 부르심을 입은 자들에게는 모든 것이 합력하여 선을 이루느니라(롬 8:28).

하나님의 주권을 믿는 사람에게는 어떤 환경도 우연이라 할 수 없습니다. 하나님의 손을 거쳐서 전개되는 모든 상황과 환경 속에는 하나님의 뜻이 있습니다. 하나님의 뜻 안에서 주어지는 환경이라면 그것이 최선임을 믿으시기 바랍니다. 그분의 주권을 믿으면 도저히 기뻐할 수 없는 상황 속에서도 기뻐할 수 있습니다.

둘째, 하나님의 입장에서 생각하라

'너와 나'의 관계가 깨지기 시작하면 서로가 서로의 가슴에 혹독한 상처를 주게 됩니다. 만약 서로 멀리할 수도 없는 사이라면 그것처럼 힘들고 고통스러운 것이 없습니다. 한순간에 우리의 기쁨과 행복을 앗아갈 수 있다는 말입니다. 그러나 나의 입장도 상대방의 입장도 아닌 하나님의 선교적 시각을 가지고 인간관계를 이해할 때 행복한 삶을 살 수 있습니다.

> 어떤 이들은 투기와 분쟁으로, 어떤 이들은 착한 뜻으로 그리스도를 전파하나니(빌 1:15).

바울이 복음을 전하다가 감옥에 들어가자, 잘됐다고 생각하는 사람들도 있었습니다. 바울의 위대한 전도 사역으로 기를 쓰지 못하고 있다가, 바울이 자리를 비운 사이에 영웅으로 등장하고 싶었던 사람들이었습니다. 바울이 감옥에 갇힌 것을 알고 그들은 중상모략하기 시작했습니다. 빌립보서 1장 15절 이후로 바울은 이렇게 말하고 있습니다. "나는 단지 감옥에 있을 뿐이지만 너희는 넘어져 있는 자를 발로 차고, 밖에 있는 어떤 이들은 나의 사역을 공격한다. 그들은 시기와 질투심으로 나와 경쟁하려고 한다. 다른 사역자들은 내가 감옥에 있는 동안 나를 비난한다."

사실 자신을 잘 알지 못하는 사람들이나 하나님을 모르는 사람들에게 핍박받고 고발당하는 것은 얼마든지 견딜 수 있었을 것입니다. 그러나 한때 동역자였던 사람들이 등을 돌리고 그를 고발하고 중상모략할 때 바울은 얼마나 마음의 상처를 받았겠습니까? 그러나 바울은 이런 인간관계의 어려움에도 불구하고 다음과 같이 고백합니다.

> 그러면 무엇이뇨 외모로 하나 참으로 하나 무슨 방도로 하든지 전파되는 것은 그리스도니 이로써 내가 기뻐하고 또한 기뻐하리라(빌 1:18).

바울은 그 어떤 사람도, 어떤 환경도 그의 기쁨을 앗아갈 수 없다고 생각했습니다. 여기서 우리는 바울의 넓은 가슴을 보게 됩니다. 바울이 인간관계의 시련을 극복할 수 있었던 것은 하나님의 입장에서 생각하는 '선교적 시각'이 있었기 때문입니다. 우리가 사람과의 관계에서 가장 큰 상처를 입는 이유는 자신의 입장에서 모든 것을 이해하기 때문입니다. 그러나 바울은 하나님의 입장에서 모든 것을 바라보았습니다. 바울은 그들의 동기가 비록 잘못되었고, 그들의 방식이 틀렸을지라도, 말씀이 전파되기만 한다면 무슨 상관이냐고 생각했던 것입니다.

신앙생활을 하다 보면 내 입장에서 다른 사람의 행동이 도저히 이해되지 않을 때가 있습니다. 그리고 그것은 상대방도 나를 못마땅하게 생각할 수 있다는 것입니다. 사실 신앙생활은 여러 사람의 입장을 고려해서 해나갈 수 있는 것이 아닙니다. 오직 기준으로 삼을 것은 하나님의 입장입니다. 그분이 기뻐하실 만한 일들을 해나가는 것입니다. 하나님의 일에 유익이 된다면 나의 입장과 다르더라도 기꺼이 따를 수 있어야 합니다.

감리교 창설자인 존 웨슬리와 당시 라이벌이었던 조지 휘트필드 사이에는 뚜렷한 신학적 입장 차이가 있었습니다. 외부에서는 이 두 사람을 갈라놓기 위해서 좋지 못한 노력들을 하기도 했습니다. 어느 날 어떤 사람이 존 웨슬리에게 찾아와서 물었습니다.

"목사님, 목사님은 천국에 가서 조지 휘트필드 목사님을 만날 것이라고 생각하십니까?"

그러자 존 웨슬리는 다음과 같이 대답했습니다.

"아마 천국에서 그 사람을 못 만나게 될 것입니다."

그러자 질문을 던진 사람이 다시 말합니다.

"그렇지요? 목사님은 조지 휘트필드 목사님의 신앙관으로는 천국에 못 간다고 생각하시는 것이지요?"

"오해하셨군요. 내 말은 그런 뜻이 아닙니다. 하나님 보시기에 귀하고 아름다운 하나님의 종 조지 휘트필드 목사는 천국에 가면 하나님 영광의 보좌 가장 가까운 곳에 있을 것이기에 나는 감히 그분 곁에 가까이 갈 수 없을 거라는 뜻입니다."

두 사람은 신학적 입장 차이가 있었고 당대의 라이벌이기도 했지만, 존 웨슬리는 자신의 입장에서 그를 판단하지 않았습니다. 대신 하나님이 소중히 여기는 종으로서 그를 보았던 것입니다.

바울은 빌립보서 2장 3절에서 "아무 일에든지 다툼이나 허영으로 하지 말고 오직 겸손한 마음으로 각각 자기보다 남을 낫게 여기고"라고 말씀합니다. 나보다 남을 낫게 여기는 겸손한 자세를 가지십시오. 뒤틀린 인간관계 속에서도 사람들을 용서하고 남을 존중할 줄 아는 사람이 되어야 합니다. 무엇보다 하나님의 시각을 가지고, 기쁨과 행복이 충만한 삶을 사시기 바랍니다.

셋째, 삶의 목적을 분명히 인식하라

바울은 나이 들어서 감옥에서 4년을 보냈습니다. 그러면서 친구, 사역, 자유, 사생활 등 참으로 소중한 것들을 하나하나 빼앗겼습니다. 세상이 바울에게서 모든 것을 빼앗아갔지만 빼앗을 수 없는 단 한 가지가 있었는데, 그것은 바로 바울의 삶의 목적이었습니다.

다음은 빌립보서 1장 20~21절 말씀입니다.

> 나의 간절한 기대와 소망을 따라 아무 일에든지 부끄러워하지 아니하고 지금도 전과 같이 온전히 담대하여 살든지 죽든지 내 몸에서 그리스도가 존귀하게 되게 하려 하나니 이는 내게 사는 것이 그리스도니 죽는 것도 유익함이라.

바울은 비록 감옥에 있었지만 살아갈 목적을 분명히 아는 사람이었습니다. 그는 분명한 삶의 목표가 있었기에 죽음을 두려워하지 않았습니다. 그러나 오늘날 현대인을 보십시오. 그들은 무엇 때문에 살아갑니까? 크게 다음의 세 가지를 들 수 있을 것입니다.

첫째, 소유 때문입니다. 사람들은 할 수 있는 한 모든 것을 가지려고 합니다. 자기가 현재 가진 것에 만족하지 못하고 계속해서 더 많은 것을 가지려고 합니다.

둘째, 쾌락 때문입니다. 지루함을 없애주고 기분 좋게 만들어주는 일이면 무엇이든 하려고 합니다. 시간과 돈을 할애하여 순간적인 쾌락을 사려는 것입니다.

셋째, 권력과 지위 때문입니다. 자기만족뿐 아니라 다른 사람에게 자신의 성공을 드러내고 싶어 합니다. 넓은 집, 고급 차, 골드 카드를 갖기 위해 안달합니다.

혹시 여러분 삶의 목적도 이 가운데 하나입니까? 그러나 소유와 쾌락과 권력은 절대 지속적인 것이 아닙니다. 일생 동안 누릴 수 있는 것도 아니며, 영원에는 턱없이 미치지 못합니다. 그러므로 우리는 영원이라는 관점에서 모든 것을 보아야 합니다. 다음의 말씀을 통해 그리스도인의 삶의 목적을 생각해볼 수 있습니다.

> 형제들아 나는 아직 내가 잡은 줄로 여기지 아니하고 오직 한 일 즉 뒤에 있는 것은 잊어버리고 앞에 있는 것을 잡으려고 푯대를 향하여 그리스도 예수 안에서 하나님이 위에서 부르신 부름의 상을 위하여 달려가노라(빌 3:13~14).

이 땅에서 우리의 삶의 목적은 무엇일까요? 왜 하나님께서는 그리스도인이 된 다음에도 우리를 이 땅에 남겨두셨을까요?

러시아의 문호인 톨스토이는 '인생의 목적이 무엇인가?'라는 질문으로 오랫동안 번민하던 때가 있었습니다. 그는 여러 친구들, 유명한 사람들과 대화하며 이 문제를 해결하려고 했으나, 어느 누구에게서도 그의 마음을 시원하게 하는 대답을 들을 수 없었습니다.

하루는 톨스토이가 농부인 한 친구와 이야기하는 중에 자기가 번민하던 질문을 던졌습니다. 그러자 그 말을 들은 친구는 오래 생각하지 않고 다음과 같이 대답했다고 합니다. "그건 다름 아닌 하나님을 섬기는 일이지To serve God!" 인생의 목적에 대한 톨스토이의 번민을 해결해준 것은 유식하고 신분 높은 사람들이 아닌 바로 농부인 친구였습니다.

여러분의 인생의 목적은 무엇입니까? 대부분의 사람이 참 목적을 모르고 살아가는 현실에서, 여러분은 어떤 목적을 따르고 있습니까? 우리 그리스도인의 삶의 목적은 오직 하나님 나라, 하나님의 영광, 하나님을 섬기는 삶이라는 것을 기억하시기 바랍니다. 삶의 목적을 제대로 알 때 삶의 기쁨을 누릴 수 있습니다.

앞서 살펴본 것과 같이 우리가 이 땅에서 참된 행복을 누리려면 반드시 3가지를 기억해야 합니다. 첫째, 삶에 대한 새로운 시각을 가지십시오. 환경과 조건이 그대로일지라도 시선에 따라 결과가 달라집니다. 둘째, 하나님의 입장에서 생각하십시오. 나의 욕망에 따라 일을 결정하면 인생을 그르칠 수 있습니다. 마지막으로 삶의 목적을 분명히 하십시오. 명확한 목적이 있을 때 그 과정에서 즐거움을 얻고 진심으로 기뻐할 수 있습니다.

|다|짐|기|도|

나의 관점이 아닌 하나님의 관점으로 환경을 바라보며
참 기쁨을 누리기 원합니다.
어떠한 어려움이 닥쳐도 하나님의 입장으로 대처하면
넉넉히 헤쳐나갈 수 있음을 믿습니다.
하나님이 원하시는 내 삶의 목적을 분명히 알고,
그것을 향해 한 걸음씩 전진하게 하옵소서.
어떠한 여건과 환경 가운데서도
오직 하나님으로 인해 기뻐하게 하옵소서.

여호와께서 시온의 포로를 돌려보내실 때에 우리는 꿈꾸는 것 같았도다
그때에 우리 입에는 웃음이 가득하고 우리 혀에는 찬양이 찼었도다
그때에 뭇 나라 가운데에서 말하기를
여호와께서 그들을 위하여 큰일을 행하셨다 하였도다
여호와께서 우리를 위하여 큰일을 행하셨으니 우리는 기쁘도다
여호와여 우리의 포로를 남방 시내들같이 돌려보내소서
눈물을 흘리며 씨를 뿌리는 자는 기쁨으로 거두리로다

시 126:1~5

CHAPTER
07

당당한 웃음을 회복하라

어느 경상도 할머니가 서울 딸네 집에 와서 2주째 지내고 있었습니다. 할머니가 외출하는데 한 동네 사람이 할머니를 알아보고 반갑게 인사했습니다.

"할머니! 어디 가시나요?"

할머니가 그 사람의 말을 잘못 알아듣고 화를 버럭 내십니다.

"와? 나 대구 '가시나'다!"

이해가 되시는 분만 웃습니다.

한 아버지가 장난감 하나를 사들고 와서는 다섯 아이를 불러놓고 물었습니다.

"누가 엄마한테 제일 고분고분하고 엄마가 하라는 대로 잘하니?"

잠시 생각하던 아이들이 일제히 대답했습니다.

"그 장난감 아빠 가지세요!"

예로부터 잘되는 집안은 세 가지 소리가 담장 밖으로 흘러나와야 한다고 했습니다. "하늘천 따지" 하며 글 읽는 소리가 첫 번째이고, 두 번째는 절구 찧기, 다듬이질 등의 일하는 소리이며, 세 번째는 웃음소리라고 합니다. 많이 웃는 가정이 그만큼 화목하고 잘된다는 뜻이겠지요.

행복은 바람 같고 햇살 같아 언어의 손에 잡히지 않는다고 합니다. 그래서 사람들은 웃음을 눈에 보이는 행복이라고 말합니다. 웃음은 대체 어디에서 기원한 것일까요? 4세기의 의사 밀레투스는 어느 저서에서 그리스어로 웃음(겔로스)의 어원은 '헬레'이며, 그 의미는 건강health이라고 말합니다. 고대인들이 웃음을 건강과 연결 지어 생각했다는 것은 참 흥미로운 일입니다. 현대 의학이 웃음의 생리적 효과를 규명하기 전에 이미 건강과 웃음의 상관관계를 알고 있었다는 것이기 때문입니다.

여러분은 성경을 읽다가 웃어본 적이 있습니까? 시편 126편을 묵상할 때면 나도 모르게 얼굴 전체에 미소가 번지는 것을 느낍니다. 본문의 역사적 배경은 이렇습니다. 이스라엘 백성들이 바벨론의 침공을 받아서 죽임을 당하고, 남은 자들은 포로가 되어 바벨론으로 잡혀갑니다. 그들은 긴 세월 동안 노예생활을 하면서 온갖 고난과 멸시와 설움을 당합니다. 그 내용을 시편 137편에 이렇게 적고 있습니다.

> 우리가 바벨론의 여러 강변 거기에 앉아서 시온을 기억하며 울었도다 … 멸망할 딸 바벨론아 네가 우리에게 행한 대로 네게 갚는 자가 복이 있으리로다(시 137:1, 8).

이스라엘 백성들은 바벨론 포로생활 중에 말할 수 없는 핍박을 당했습니다. 그래서 바벨론의 멸망과 자신들의 귀향을 위해서 기도했지만, 70년의 세월이 지나면서 고향으로 돌아간다는 꿈도 소망도 점점 포기하게 되었습니다. 그런데 바벨론을 정복한 페르시아의 고레스 왕이 갑자기 모든 이스라엘 백성에게 고향으로 돌아가도 좋다는 칙령을 내립니다. 하나님의 감동하심이 아니면 일어날 수 없는 참으로 놀라운 일입니다. 하나님께서 이스라엘 백성들의 눈물을 보시고, 기도를 들으시고, 그들을 기억해주신 것입니다.

이스라엘 백성들은 그 사실이 믿을 수 없을 만큼 좋았을 것입니다. 이것이 꿈이냐 생시냐 하면서 얼굴을 꼬집어보고, 너무 기분이 좋아서 혼자 히죽히죽 웃기도 하고, 시도 때도 없이 찬양과 웃음이 나왔을 것입니다. 실제 그러한 이스라엘 사람들의 모습이 시편 126편에 담겨 있습니다. 그런데 그들만이 그렇게 기뻐할 수 있습니까? 우리는 어떻습니까?

어떤 의미에서 주님을 알기 전의 우리 모습은 바벨론의 포로들보다 더 절망적이었습니다. 우리는 하나님을 알지도 못했고, 영생에 대한 소망도 없었습니다. 일생 동안 죄악의 노예로 살다가, 종국에는 두려움으로 떨며 흑암 속에 죽어야 했던 우리입니다. 아니 신학적으로는 '이미 죽었던' 우리입니다. 그런데 하나님께서 우리 주 예수 그리스도를 이 땅에 보내셔서 "누구든지 그를 믿는 자는 멸망치 않고 영생을 주겠다"고 약속해주셨고, 주님의 은혜로 전혀 생각지도 못했던 놀라운 영생을 얻은 것입니다.

우리의 삶은 과연 꿈꾸는 것같이 행복합니까? 우리의 얼굴에는 웃음이 가득합니까? 우리의 입에는 찬양이 가득하고 마음에는 기쁨이 가득합니까? 하나님께서 사랑하는 독생자를 내주기까지 우리를 사랑하시고 우리에게 대사大事를 행해주셨는데, 우리는 감사할 줄 모르는 아이처럼 불평과 원망을 늘어놓고 있습니다.

하나님께서는 우리를 창조하셔서 자녀 삼으시고 얼마나 기뻐하셨는지 모릅니다. 스바냐 3장 17절에 보면 "그가 너로 말미암아 기쁨을 이기지 못하시며 너를 잠잠히 사랑하시며 너로 말미암아 즐거이 부르며 기뻐하시리라 하리라" 하고 말씀합니다. 마치 부모가 그 자녀를 바라보며 좋아하듯이, 하나님께서는 인간을 창조하시고 매우 기뻐하셨습니다. 그리고 그분의 자녀들이 많이 웃고 기뻐하는 것을 보기 원하십니다.

첫째, 하나님께서는 우리가 웃기를 원하신다

이런 경험을 해보셨습니까? 어떤 문제로 낙심되고 우울해 있을 때, 전혀 기대하지 않은 사람이나 어떤 사건을 통해서 웃게 되고 용기를 얻게 되는 일 말입니다. 그리스도인이라면 누구나 그런 일을 경험한 적이 있을 것입니다.

성경에도 그런 이야기가 종종 나옵니다. 창세기 17장에 보면, 아브라함이 99살이 되기까지 자녀가 없었습니다. 그때 하나님께서 아브라함에게 말씀합니다. "아브라함아, 내가 너의 아내 사라를 통해서 네게 아들을 줄 것이다." 그랬더니 아브라함은 "엎드려 웃었다"(창 17:17)고 나와 있습니다.

창세기 18장에 보면 소돔을 멸망시키러 가던 천사가 다시 아브라함을 방문하여서 말씀합니다. "네 아내 사라에게 아들이 있으리라." 이번에도 장막 문 뒤에서 "사라가 속으로 웃었다"(창 18:11)고 적고 있습니다. 처음에 남편이 웃더니 이번에는 아내가 웃었다고 말합니다.

그것을 알고 계신 하나님께서 이렇게 말씀하십니다. "왜 웃느냐? 나에게 능치 못할 일이 있겠느냐?" 그리고 약속의 말씀대로 일 년 뒤에 아들을 주셨습니다. 그 아들의 이름이 무엇입니까? 이삭입니다. 이삭은 '웃음'이란 뜻입니다.

여기에서 아브라함과 사라가 믿지 못해서 웃었는지, 좋아서 웃었는지 그것 가지고 논쟁할 것 없습니다. 그 웃음은, 모든 기대가 다 끊어진 상황에서 아무리 생각해도 너무 기분 좋은 '깜짝 선물'에 대한 놀라움과 기쁨의 표시였기 때문입니다. 그들은 도저히 믿지 못할 사실이라서 웃고, 너무나 놀라워서 웃고, 도무지 기대하지 못했던 것이라서 웃었습니다.

하나님께서는 그분의 자녀들이 웃는 것을 보기 원하십니다. 그래서 뜻밖의 축복으로 우리를 웃게 하시고, 기대하지 않았던 은혜로 기쁘게 해주시기를 원하십니다.

철학자 베르그송은 웃음에 대해서 긴 글을 남겼는데 그중에 이런 말이 나옵니다. "웃음은 우리가 기대하는 것이 뒤엎어질 때 오는 괴리감에서 나오는 자연적인 반응이다." 전혀 기대하지 않았던 일이 이루어질 때 웃음이 나오고, 예상하지 못했던 반전이 이루어질 때 웃음이 나온다는 것입니다.

또한 웃음laughter이란 자신의 고정관념이 깨질 때 반응하는 놀람과 기쁨의 소리이며, 세상에서 가장 아름다운 소리이기도 합니다. 전혀 기대하지 않았던 선물로 우리를 축복해주시는 하나님으로 인해 크게 웃는 일이 많아졌으면 합니다.

미국의 홀리데이 인 호텔을 건축한 윌리스 존슨은 원래 조그마한 제재소에서 일하던 목공이었습니다. 그는 40살 때 직장에서 정리해고를 당했습니다. "존슨 씨, 당신은 이제 회사에 나오지 않아도 됩니다. 이 일은 당신에게 적합하지 않은 것 같군요."

존슨은 하늘이 무너지는 듯한 충격을 받았습니다. 당시는 최악의 불황기라 재취업이 쉽지 않았습니다. 존슨은 잔뜩 움츠린 채 폐인과 같이 칩거생활을 했습니다. 그 절망의 순간 그는 "일어나라, 일어나라. 너에게 잃어버린 웃음을 찾아주겠다"라는 하나님의 음성을 들었습니다. 존슨은 어둠 가운데 한 줄기 빛을 만난 것 같았습니다. '이제부터 새로운 인생이 열린다. 집을 담보로 대출을 받아 건축 사업을 시작하자.'

정리해고를 당한 존슨은 용기 있게 건축 사업을 시작해 자신의 재능을 활짝 꽃피웠습니다. 5년 후에는 수백만 달러를 저축할 수 있었고, 건축회사를 건립해 홀리데이 인 호텔을 건축했습니다. 존슨은 회고했습니다.

"나를 정리해고한 사람에게 감사한다. 그날의 고통은 축복의 관문이었다. 하나님은 내게 삶의 전화위복을 통해 진정한 웃음이 무엇인지 알려주셨다." 예기치 못한 실직, 새로운 사업에의 도전, 이렇게 스릴 넘치고 아슬아슬한 인생 가운데 존슨은 하나님을 더욱 강하게 붙들게 되었고 결국 웃음을 되찾을 수 있었습니다.

1871년 시카고 대 화재로 온 시가지가 불바다를 이루었을 때의 일입니다. 각 신문사의 기자들이 화재 현장에 도착해보니 건물이 모두 불타고 있었고, 시가지 한복판에 있던 무디 목사의 교회도 마찬가지였습니다. 기자들은 무디 목사에게 다가가 이렇게 물었습니다. "목사님, 살아 계신 하나님은 전지전능하셔서 무엇이든지 원하기만 하면 이루어주신다고 설교하셨지요? 그런데 왜 하나님께서는 그분의 거룩한 성전인 교회가 불타 없어지는 것을 가만두십니까?"

빈정거리는 기자들의 말에 무디 목사는 이렇게 대답했습니다. "나는 벌써부터 하나님께 큰 교회를 달라고 기도해왔소. 그 응답으로 지금 교회가 불탄 것입니다. 교회를 헐고 다시 세워야 하는데 하나님께서는 건물을 허는 비용이 들지 않게 하신 것입니다."

이 말에 기자들은 어이없다는 듯 웃었습니다. 왜냐하면 무디 목사는 밤중에 화재를 당하여 잠옷 바람으로 겨우 목숨만 건진 빈주먹 상태였기 때문입니다. 기자들은 다시 "그렇다면 교회를 세울 돈은 가지고 있습니까?" 하고 물었습니다.

그러자 무디 목사는 옆구리에 끼고 있던 낡은 성경책을 내놓으면서 대답했습니다. "나는 수표와 돈을 가지고 나오지 못했습니다. 그러나 아무리 써도 바닥나지 않는 하나님의 금고인 성경책을 가지고 나왔습니다. 그러므로 여러분은 얼마 안 가서 불에 탄 교회보다 더 크고 훌륭한 교회를 볼 것입니다."

무디 목사는 그 화재 이후 영국으로 건너가 전 영국을 뒤흔드는 부흥을 일으켰고, 영국에서는 교회 건축을 위해 많은 헌금을 했습니다. 이렇게 해서 결국 화재가 난 그 자리에 예전 교회보다 훨씬 크고 아름다운 교회를 지을 수 있었습니다. 무디의 얼굴에는 환한 미소가 피어올랐습니다. 그는 진정으로 웃을 수 있었습니다.

행여 어려움과 슬픔 중에 놓여 있습니까? 하나님을 믿고 의지하십시오. 하나님께서는 반드시 우리의 눈물이 변하여 웃음이 되게 하실 것입니다. 하나님을 의지하며 소망을 잃지 마십시오. 하나님께서는 반드시 우리의 기도를 들어주셔서 어려운 상황에서도 결국 웃게 하시는 놀라운 축복을 주실 것입니다.

둘째, 하나님은 유머가 풍부하신 분이다

하나님의 성품에 대해서 우리는 거룩하고 위엄이 많으시고 무한하게 크신 분이라고만 생각하기 쉽습니다. 하지만 하나님의 성품 중에는 유머러스한 부분이 있다는 것도 기억해야 합니다.

창조에 나타난 하나님의 유머를 보십시오. 코끼리의 긴 코, 돼지의 우스꽝스러운 모습, 원숭이, 그중에서도 안경 원숭이, 또 목이 긴 기린, 나무에 온종일 매달려 있는 나무늘보 등을 보면 하나님께서 얼마나 유머가 풍부한 분이신지 상상해볼 수 있습니다. 약한 자를 강하게 만드시고, 실패를 성공으로, 울음을 웃음으로 멋지게 반전시키시는 하나님의 모습을 보면 하나님께서 얼마나 유머가 풍부하신 분인가를 알 수 있습니다.

유머가 많으신 하나님의 눈으로 바라보면, 이 세상이 얼마나 더 아름답게 보이고, 우리의 삶이 얼마나 더 풍성해지는지 모릅니다. 철학자 베르그송은 그의 글에서 "사람이 왜 웃는가? 그것은 우리가 인간이기 때문이다"라고 말했습니다. 그 말을 성경적 진리에 적용하면, 사람이 웃는 것은 하나님의 형상으로 지음받았기 때문이고, 사람이 유머가 있는 것은 바로 유머가 풍성하신 하나님의 형상을 닮았기 때문입니다.

한편 웃음에는 상당한 문화적 차이가 있습니다. 한국을 포함한 동양의 문화는 웃는 문화가 아닙니다. 미국 사람들 결혼식 장면을 한번 보십시오. 신랑 신부 모두 세상에서 가장 행복한 얼굴을 하고 있습니다. 반면 한국인들의 결혼식은 너무 엄숙하고 결혼 사진은 심각 그 자체입니다. 결혼식 날 웃으면 딸 낳는다, 웃으면 경박해 보인다며 웃지 않습니다. 근육은 사용하면 발달하고 사용하지 않으면 퇴화합니다. 자주 웃으면 안면의 미소 근육이 발달해서 잘 때도 웃는 모습으로 잡니다. 하지만 웃지 않으면 점점 미소 근육이 퇴화해서 잘 때도 화난 모습으로 자게 됩니다.

예전에 '신바람 건강법'으로 유명했던 황수관 박사님이 요즘 다시 방송 활동을 하고 계십니다. 그분은 원래 산적이라는 별명을 가질 정도로 인상이 험악했다고 합니다. 그런데 구원의 감격을 경험하고 그것이 너무나 놀라워서 자꾸 웃음이 나왔습니다. 험상궂은 얼굴로 잘 웃지 않던 남편이 계속 웃으니까, 아내가 갑자기 흐느껴 울며 말했다고 합니다. "지금까지 그렇게 공부만 하면서 고생하더니, 겨우 대학 교수가 되어서 살 만하니까 이렇게 미치다니요…."

황수관 박사는 "항상 기뻐하라"(살전 5:16)는 말씀대로 살기로 결심하고, 지금도 가는 곳마다 이 말씀을 가지고 웃음 캠페인을 벌이며 복음을 전파하고 있습니다.

살아 계신 하나님께서 이 세상을 통치하고 계시다는 것만으로도 우리는 행복한 사람들입니다. 매일 이렇게 생각하면서 웃으시기 바랍니다. 월요일은 원래 웃는 날, 화요일은 화사하게 웃는 날, 수요일은 수수하게 웃는 날, 목요일은 목젖이 보일 때까지 웃는 날,

금요일은 금방 웃고 또 웃는 날, 토요일은 토실토실 웃는 날, 일요일은 일어나자마자 웃는 날로 삼으십시오.

어린아이들은 어떤 상황에서도 어머니 곁에 있으면 걱정 근심이 없습니다. 마찬가지로 우리가 힘든 상황에서 웃는 것은 '하나님을 전적으로 믿고 신뢰한다'는 표현입니다. 도저히 웃을 일도 없고, 웃을 마음이 들지 않더라도 하나님 한 분으로 인해 크게 웃으십시오.

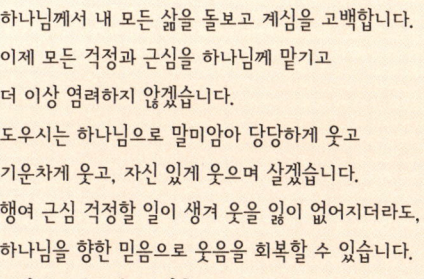

|다|짐|기|도|

하나님께서 내 모든 삶을 돌보고 계심을 고백합니다.
이제 모든 걱정과 근심을 하나님께 맡기고
더 이상 염려하지 않겠습니다.
도우시는 하나님으로 말미암아 당당하게 웃고
기운차게 웃고, 자신 있게 웃으며 살겠습니다.
행여 근심 걱정할 일이 생겨 웃을 일이 없어지더라도,
하나님을 향한 믿음으로 웃음을 회복할 수 있습니다.
어떤 어려움에 놓여 있을지라도
기쁨을 잃지 않도록 돌보아주시옵소서.

영적
자존심을
회복하라

PART 3
확고한 믿음을 세우라

어떤 환경에서든 그 속에 하나님의 섭리가 있음을 믿을 때, 나를 짓누르는 암담한 상황, 좀처럼 나아지지 않는 환경 속에서도 여유로울 수 있습니다. 그리고 폭포수가 떨어지는 것같이 명확한 결과가 나타나지 않더라도 낙심하지 않고 하나님을 향한 신앙을 지킬 수 있습니다.

예수께서 그들에게 대답하여 이르시되 하나님을 믿으라
내가 진실로 너희에게 이르노니 누구든지 이 산더러 들리어 바다에 던져지라 하며
그 말하는 것이 이루어질 줄 믿고 마음에 의심하지 아니하면 그대로 되리라
그러므로 내가 너희에게 말하노니
무엇이든지 기도하고 구하는 것은 받은 줄로 믿으라
그리하면 너희에게 그대로 되리라
막 11:22~24

CHAPTER 08

생각을 변화시키라

모든 사람의 소망은 어떻게 하면 나와 내 가정과 사업이 형통할 수 있을까, 어떻게 하면 미래가 더 풍족해질까로 요약됩니다. 나와 내 가정, 그리고 내 사업이 형통해지기 위해서 우리는 어떻게 살아야 할까요? 모든 것에는 법칙이 있습니다. 사람이 살아가는 데 법칙이 있듯이 특정 분야에도 법칙이 있습니다. 어떤 사람이 평생 영화를 보면서 발견한 '영화 속의 법칙'을 발표했습니다. 정말 그러한지 여러분이 지금까지 보아오신 영화들을 떠올리며 확인해보시기 바랍니다.

전쟁 영화에서 애인 사진 갖고 있는 병사는 꼭 죽는다.

추격신에서는 꼭 과일 실은 리어카가 뒤집어진다.

패싸움에서 끙끙대다가 한 대 더 맞는 엑스트라가 꼭 있다.

에로 영화에선 상상신이 꼭 나온다.

영화 속 휴대전화는 어디서든지 잘 터진다.

최신 무기로 싸우다가도 결국에는 꼭 주먹싸움으로 끝난다.

자동차 추격신에는 꼭 컨테이너 트럭이 등장한다.

악당 두목은 끝 장면에서 꼭 죽거나 잡힌다.

주인공은 급하면 뭐든지 운전한다.

경찰은 주인공이 상황을 끝낸 뒤 나타난다.

음악에도 법칙이 있습니다. 같은 박자 같은 주제를 가지고 아름다운 음악을 만들어갑니다. 그리고 생각에도 법칙이 있습니다. 생각한 대로 행동합니다. 이 책을 읽겠다고 생각했기 때문에 여기까지 온 것입니다. 지금 앉아 있는 그 자리는 앉으려고 생각했기 때문에 그 자리에 앉은 것입니다. 오늘 입은 옷도 그 옷을 입겠다고 생각했기 때문에 입은 것입니다.

생각은 모든 것을 결정하는 열쇠입니다. 성공과 실패를 부리는 주인이 누구인 줄 아십니까? 바로 생각입니다. 생각은 모든 결과의 일차적 원인이기 때문입니다. 생각의 벽을 뛰어넘으면, 놀랄 만한 결과가 나타납니다. 생각의 폭은 인간관계의 폭이며, 생각의 넓이가 인간의 행동반경입니다. 우리는 생각 속에 살아갑니다. 생각이 지금 우리의 현실을 구성하고 있기 때문입니다. 사무엘 스미스는 "생각이 변하면 행동이 변하고, 행동이 변하면 습관이 변하고, 습관이 변하면 성품이 변하고, 성품이 변하면 운명이 바뀐다"고 했습니다. 그러므로 우리는 먼저 모든 생각을 하나님의 관점으로 바꾸어야 합니다. 즉 긍정적이고 희망적인 관점을 가져야 하는 것입니다. 생각의 변화가 우리 삶에 어떤 영향을 미칠까요?

첫째, 생각이 바뀌면 인생이 바뀐다

생각이 변하면 우리의 운명이 변합니다. 사도 바울은 옥중에 있으면서 빌립보교회에 편지를 보내며 "항상 기뻐하라 내가 다시 말하노니 기뻐하라"고 했습니다. 기뻐할 일이 없는 옥중에서 성도들에게 기뻐하라고 말합니다. 바울은 주 안에서의 기쁨만을 생각했기에 어떤 현실에서도 기쁨을 체험할 수 있었던 것입니다. 반대로 문제만 생각하면 문제가 생깁니다. 질병만 생각하면 질병밖에 보이지 않습니다. 욥기 3장에 보면 욥이 말하기를 "내가 두려워하는 그것이 내게 임하고 내가 무서워하는 그것이 내 몸에 미쳤구나"(욥 3:25)라고 말합니다. 욥은 그런 재난과 질병을 만날 것을 두려워했고, 그 생각은 현실로 나타났습니다. 좋은 생각, 기쁜 생각을 하면 그것이 현실로 나타나는 경우가 많습니다.

좋은 생각을 하면 좋은 행동이 나타납니다. 좋은 행동은 좋은 습관을 형성합니다. 습관은 그 사람의 삶의 태도가 됩니다. 삶의 태도가 바뀌면 그 인생이 달라집니다.

시각장애인으로 미국 정부 차관보까지 오른 강영우 박사를 기억하실 것입니다. 그는 중학교 재학 시절 눈에 외상을 입고 실명하여 시각장애인이 되었습니다. 그러나 1972년 결혼과 함께 한국 장애인 최초 유학생이 되어 미국으로 건너가 최초의 시각장애인 박사가 되었으며, 백악관 국가 장애위원회 정책 차관보까지 지냈습니다. 또한 두 아들을 미국의 명문대를 졸업한 의사와 변호사로 키워냈습니다. 강영우 박사의 아들은 어릴 때 시각장애인 아빠에 대한 부정적 태도가 가득했었다고 고백합니다. 다른 아빠들처럼 야구도 할 수 없고, 자전거도 탈 수 없었기 때문입니다. 강영우 박사는 당시 아들에게 이런 말을 했습니다. "아빠는 못 보기 때문에 할 수 없는 것들이 많지만, 대신 아주 잘하는 것이 하나 있단다. 아빠는 네가 잠자리에 들어 불을 끄고 있어도 재미나는 이야기를 읽어 줄 수 있잖니?"

그 후 아들은 하버드대에 입학하면서 "어둠 속에서 아버지가 읽어주신 책들"이라는 제목의 에세이를 제출했습니다. "아버지가 어둠 속에서 책을 읽어주셨기 때문에 나는 쉽게 잠들 뿐 아니라 더 큰 상상의 나래를 펼칠 수 있었습니다. 두 눈을 뜬 내가 보지 못하는 세계를 아버지의 안내로 볼 수 있었습니다. 내 상상의 세계는 넓어졌고, 창의력은 개발되었으며, 비전은 선명해졌습니다." 하버드대 입학처장은 강영우 박사에게 전화를 해 "아들이 무척 자랑스러우시겠습니다! 당신의 아들과 같이 긍정적인 태도로 사물을 볼 수 있는 차세대 지도자를 하버드는 환영합니다!"라고 말했다고 합니다. 긍정적인 생각, 창조적인 생각, 희망적인 생각, 감사하는 생각은 우리의 성품을 아름답게 빚어줄 뿐 아니라, 인생이 바뀌는 놀라운 결과까지 가져옵니다. 여러분의 인생이 긍정적으로 바뀌기를 원하십니까? 그렇다면 먼저 생각을 바꾸시기 바랍니다.

둘째, 생각이 바뀌면 언어가 바뀐다

마태복음에 보면 다음과 같은 말씀이 나옵니다. "독사의 자식들아 너희는 악하니 어떻게 선한 말을 할 수 있느냐 이는 마음에 가득한 것을 입으로 말함이라 선한 사람은 그 쌓은 선에서 선한 것을 내고 악한 사람은 그 쌓은 악에서 악한 것을 내느니라"(마 12:34~35). 마음에서 생각한 것이 말이 되어 나오는 것입니다. 예수님을 생각하는 사람은 언제나 예수님 이야기를 하고, 교회를 생각하는 사람은 언제나 교회 칭찬하는 이야기를 하며, 미운 사람을 생각하는 사람은 언제나 미운 사람 이야기를 하게 되는 것입니다.

사람들은 마음에 생각한 것을 말하게 되므로 말하는 것을 보면 그 사람을 알 수 있습니다. 성도들과 30분만 이야기해보아도 그분들이 무엇을 원하고 신앙 상태가 어떠하며 무엇이 문제인지 알 수 있습니다. 어떤 분을 만나면 언제나 어렵다고 합니다. 돈이 없어 어렵고 사람 관계도 어렵고 직장 문제도 어렵고…. 자꾸 그러면 그분은 어려울 수밖에 없습니다. 왜냐하면 힘들고 어려운 것만 생각하고 말하기 때문입니다. 어떤 사람을 만나면 확실치 않다고 합니다. 미래도 확실치 않고 직장도 확실치 않고 부부 관계도 확실치 않고 그러면 그 사람은 모든 것이 확실치 않으니 앞날이 불투명합니다. 또 어떤 사람은 질병에 대해서만 이야기합니다. 당뇨병이 어떻고, 혈압이 어떻고, 중풍이 어떻고…. 이 사람에게는 언제나 질병이 오게 되어 있습니다. 왜냐하면 생각이 현실로 나타나기 때문입니다

언어의 재료는 생각입니다. 우리의 생각은 말이라는 옷을 입고 드러나서, 운명이라는 길을 형성합니다. 우리는 운명이 마치 우리가 알지 못하는 힘에 의해 결정되는 것처럼 착각하지만, 사실 운명은 우리가 하는 말의 힘에서 기인하는 결과입니다. 절망의 말은 절망적 운명으로 다시 태어납니다. 희망의 말은 희망찬 미래로 다시 태어납니다. 무엇이든 우리가 말하는 바는 우리의 미래로 곧장 달려갑니다. 만일 우리가 날마다 감사와 사랑을 말한다면, 인생은 기쁨과 화목으로 보답할 것입니다. 그러나 만일 불평과 증오만을 말한다면 우리 인생은 우울과 파멸을 향해 갈 것입니다.

미국에서 매년 쥐로 인한 피해액은 약 2억 달러라고 합니다. 한 해에 쥐 한 마리가 먹어치우는 음식물과 재산의 피해액은 겨우 2달러 정도입니다. 그러나 엄청난 쥐의 숫자로 볼 때 실로 어마어마한 손실을 입고 있는 셈입니다. 자연 발생적으로 쥐가 죽는 수효를 포함하여 단순 계산하면, 한 쌍의 쥐가 3년 동안 무려 3억 5,900마

리의 자손을 퍼뜨린다고 합니다. 이것들이 농장에서 농장으로 집에서 집으로 다니며 인간에게 피해를 입히고 있습니다.

그렇다면 한 걸음 더 나아가 보이지 않게 날마다 인간의 마음과 영혼을 파괴시키는 것이 무엇인지 생각해봅시다. 쥐와 같이 내 인생을 야금야금 파괴시키는 것이 무엇입니까? 그것은 바로 부정적인 말입니다. 부정적인 말이 인생을 파멸로 몰고 갑니다. 내 인생뿐 아니라 내 가족의 인생, 내 민족의 미래까지 영향을 미칩니다. 부정적인 말을 바꿀 수 있는 것은 오직 생각입니다. 생각이 바뀌면 언어도 바뀌기 때문입니다. 긍정적인 생각을 하면 언어가 바뀌고 나아가 미래가 바뀝니다.

앤드루 로버츠라는 사람이 《CEO 히틀러와 처칠, 리더십의 비밀》이라는 책에서 히틀러와 처칠을 이렇게 비교합니다. 히틀러는 연설을 통해서 독일 국민의 마음을 휘어잡은 사람입니다. 그러나 그의 연설은 늘 이기적인 목적을 갖고 있었습니다. 히틀러는 그 이기적인 연설을 성취하기 위해서 반드시 정복해야 할 적대자들을 만들게 되었는데 그것이 곧 유대인이었습니다. 언젠가 그가 이란 말을 했다고 합니다. "만일 유태인이 존재하지 않는다 하더라도 우리는 적을 만들어내야 한다. 눈으로 보고 손으로 만질 수 있는 구체적인 적을 가져야 한다." 한 지도자의 혀, 한 독재자의 말에 모든 국민의 마음이 현혹되고 마비되었습니다. 그래서 거기에 동원된 나치에 의해 600만 명의 유태인이 죽음을 당하게 됩니다. 생명의 소중함을 외면한 한 독재자의 언어, 한 독재자의 혀가 참담한 결과를 가져온 것입니다.

반면에 처칠은 탁월한 웅변가는 아니었으나 피나는 연습과 노력으로 연설을 했습니다. 정치적인 위험을 무릅쓰고 총리가 되고 나서 3일 후에 그는 하원 연설에서 "내가 드릴 것은 피와 수고와 눈물과 땀밖에 없습니다"라고 말했습니다. 이 연설로 패배주의에 놓여 있던 영국 국민들에게 다시금 소망을 심어주었습니다.

또 다른 연설에서 그는 이렇게 말했습니다. "불굴의 용기만이 우리의 유일한 방패가 될 것입니다. 우리는 단결해야 합니다. 용기를 잃지 말아야 합니다. 좌절하지 말아야 합니다." 결국 처칠은 영국 국민에게 다시 희망을 불러 일으켜 2차 세계대전을 승리로 이끌었습니다. 한 지도자의 말을 통해서 한 민족이 파멸에 이를 수도 있고, 다시금 소생할 수도 있다는 말입니다. 그런 점에서 우리는 생각을 바꾸어야 하며 언어도 긍정적으로 바꾸어야 합니다.

셋째, 생각이 변하면 태도가 바뀐다

몇 해 전에 전 인류는 미국에서 발사한 우주선의 파편이 어디에 떨어질 것인가에 관한 '스카이랩 공포'에 사로잡힌 적이 있었습니다. 컴퓨터에 의해서 측정된 바로는 스카이랩의 파편이 호주에 떨어질 것이라는 소식이 전해졌습니다. 그 소식을 들은 호주 사람들은 대개 두 가지의 서로 다른 반응을 보였습니다.

어떤 사람은 스카이랩의 파편이 자기 재산과 토지 위에 떨어져 많은 손실을 보게 될 것을 두려워했고, 또 다른 사람은 스카이랩의 파편이 자기 토지 위에 떨어지면 아주 훌륭한 기념품이 될 것이라고 생각한 것입니다. 당시 미국의 샌프란시스코 일간지에서는 스카이랩의 파편을 주워오는 사람에게 1만 달러의 현상금을 걸었습니다. 결국 어떤 젊은이가 그 파편을 주워 상금을 탔다는 외신 보도가 있었습니다. 똑같은 현실 속에서 일어나는 똑같은 현상을 앞에 놓고도 어떤 사람은 부정적인 반응을 보이는가 하면, 어떤 사람은 긍정적인 태도를 취합니다. 긍정적인 생각은 긍정적인 태도와 적극적인 자세를 불러온다는 것을 기억하십시오.

커밍 워크라는 사람은 성공의 요인을 네 가지로 요약해서 말한 적이 있습니다. 첫째로 머리I.Q가 좋아야 하며, 둘째로 지식 Knowledge이 있어야 하며, 셋째로 기술Technique이 있어야 하며, 넷째로 태도Attitude가 중요하다고 했습니다.

그런데 이 네 가지 요인 중에서 성공적인 삶에 결정적인 영향을 주는 것은 바로 '태도'라고 하였습니다. 생각이 긍정적으로 바뀌면 태도도 긍정적으로 바뀝니다. 그러면 인생에서 성공합니다. 성공하기를 원한다면 먼저 태도를 바꾸어야 합니다. 앞서 말했지만 그 태도는 여러분의 생각에 달려 있다는 것을 기억하십시오. 빌립보서에서 바울은 "내가 궁핍하므로 말하는 것이 아니라 어떠한 형편에든지 내가 자족하기를 배웠노니 나는 비천에 처할 줄도 알고 풍부에 처할 줄도 알아 모든 일 곧 배부름과 배고픔과 풍부와 궁핍에도 처할 줄 아는 일체의 비결을 배웠노라"(빌 4:11~12)라고 말했습니다.

환경이 좋아지면 행복할 것이라는 것은 착각입니다. 생각이 행복을 결정합니다. 환경이 좋은 나라일수록 자살이 많습니다. 성경은 하나님의 나라가 우리 안에 있다고 말씀합니다. 우리 자신이 행복하다고 생각하면 행복한 것입니다. 우리나라의 부부 3쌍 중 1쌍이 이혼한다고 합니다. 잘못된 판단과 생각을 가지고 결혼했기 때문입니다. 그렇게 살다가 서로 간에 불신이 생겨 부정적 태도를 드러내고 극한 상황까지 이르는 것입니다. 결혼하면 상대방이 자신의 행복을 채워줄 것이라는 생각은 잘못된 것입니다.

헬렌켈러는 볼 수도 들을 수도 말할 수도 없는 삼중고를 겪으면서도 감사하고 행복해했습니다. 하나님의 나라가 헬렌켈러의 마음에 임했기 때문입니다. 생각하고 생각하고 또 생각하면 영적 성숙이 됩니다. 삶의 태도가 변합니다. 삶의 태도가 변하면 여러분의 인생은 그것으로 이미 성공한 것입니다.

다음은 빌립보서 4장 8절 말씀입니다. "끝으로 형제들아 무엇에든지 참되며 무엇에든지 경건하며 무엇에든지 옳으며 무엇에든지 정결하며 무엇에든지 사랑받을 만하며 무엇에든지 칭찬받을 만하며 무슨 덕이 있든지 무슨 기림이 있든지 이것들을 생각하라."

현재의 모습은 과거의 생각의 모습이고 현재의 생각은 미래의 모습인 것입니다. 우리는 생각을 개발할 수 있어야 합니다. 하나님의 말씀을 수시로 생각하고 묵상하면 영적으로 성숙하게 됩니다. 하나님의 말씀을 묵상하시기 바랍니다. 우리의 생각을 긍정적으로 바꾸는 가장 중요한 매체는 하나님의 말씀입니다. 배가 고프면 아무 일도 손에 잡히지 않을 때가 있습니다. 차를 탈 때도 배 속이

비면 멀미가 나고 어지럽습니다.

마찬가지로 하나님의 말씀이 없으면 좋은 생각이 떠오르지 않습니다. 부정적인 생각과 쓸데없는 생각만 납니다. 하나님의 말씀으로 우리의 머리와 마음을 채워야 합니다. 그러면 내 안에 좋은 생각이 가득하게 됩니다. 하나님의 말씀과 좋은 생각은 불가분의 관계에 있다는 것을 기억하시기 바랍니다. 하나님의 말씀으로 여러분의 생각이 긍정적으로 바뀌게 되시기를 소원합니다.

|다|짐|기|도|

하나님의 말씀이 없으면 나의 상황은 나아지지 않습니다.
좋은 생각이 떠오르지 않고, 부정적인 생각만 납니다.
쓸데없는 생각, 절망의 생각으로 가득 차게 됩니다.
내 생각이 하나님의 말씀으로 채워지기를 원합니다.
인생의 어떤 문제를 만나더라도 낙심치 않고
하나님의 말씀을 의지하며 나아가게 하옵소서.
긍정적인 생각과 긍정적인 언어, 긍정적인 태도로
인생의 난관과 역경을 딛고 승리하도록
주님께서 역사하여 주시옵소서.

내가 너희를 권하노니 이제는 안심하라
너희 중 아무도 생명에는 아무런 손상이 없겠고 오직 배뿐이리라
내가 속한 바 곧 내가 섬기는 하나님의 사자가 어젯밤에 내 곁에 서서 말하되
바울아 두려워하지 말라 네가 가이사 앞에 서야 하겠고
또 하나님께서 너와 함께 항해하는 자를 다 네게 주셨다 하였으니
그러므로 여러분이여 안심하라
나는 내게 말씀하신 그대로 되리라고 하나님을 믿노라
행 27:22~25

CHAPTER

09

환경을 다스리라

최근 몇 년간 일어난 '쓰나미'로 인해 전 세계가 충격에 빠졌습니다. 남아시아 해일, 지진 피해 상황을 이야기하는 용어인가 보다, 왜 일본말을 사용할까 하고 궁금하면서도 그냥 지나친 경우가 많았을 것입니다. '쓰나미'는 해저에서 급격한 지각변동이 발생할 때 일어나는 지진해일을 이르는 말로, 잦은 지진으로 피해가 많은 일본에서 일반적인 해일과 구분해 '쓰나미津波'라고 부르며 국제적인 용어로 통용되고 있습니다. 해일이란 폭풍이나 지진, 화산 폭발 등에 의해 해수면의 높이가 갑자기

높아져 거대한 힘을 가진 파도가 해안을 덮치는 것을 말합니다. 바닷물이 급속하게 빠져나가면서 다음 해일이 밀려오는 현상이 반복되며 바다 중심에서는 파고가 낮지만 육지 쪽으로 올수록 급격히 높아집니다. 그렇기 때문에 해변에 있는 많은 사람이 넋 놓고 있다가 갑자기 밀어닥치는 해일에 속수무책으로 당하는 것입니다.

이러한 자연현상은 인간이 아무리 노력해도 막을 수 없습니다. 단지 겸허하게 하나님께 무릎 꿇고 긍휼을 구하는 길만이 최선의 방법입니다. 그러나 이러한 자연환경 외에 우리가 극복할 수 있는 환경이 있습니다. 바로 인간 사회에서 발생하는 다양한 사건, 사고, 갈등 등의 제반 환경입니다. '인간은 환경의 동물'이라는 말처럼 사람은 환경을 무시하고 살 수 없습니다. 그래서 그리스도인들도 어떤 형태로든 환경과 자기 자신과의 관계를 설정하고 살아가게 됩니다.

세상 환경에 대한 그리스도인의 자세에는 크게 2가지가 있습니다. 하나는 숙명론적인 자세인데, 새색시가 시집살이하듯 신앙을 포기하고 타협하며 살아가는 형태입니다. 그래서 불경건해지고 부조리해지고 권위를 쫓으면서 세상 사람과 동화되는 것입니다. 또 다른 하나는 회의론적인 자세인데, '절이 싫으면 중이 떠나라'는 말처럼 자신과 맞지 않는 환경이라 여기며 담을 쌓고 피하는 형태입니다. 그래서 직장인들이 불경건을 강요받으면 혈기를 내고 급기야는 사표를 던지는 것입니다. 그러나 이 2가지 방법 모두 극단적이어서 '뭔가 또 다른 길이 있을 텐데…' 하는 고민을 던져줍니다.

이런 우리에게 성경은 사도행전 27장 22~25절은 제3의 방법을 가르쳐줍니다. 세상 환경에 대한 그리스도인들의 바람직한 자세에 대해 성경은 무엇이라 말하고 있을까요?

〈사도행전〉에서 사도 바울은 로마 군병들의 엄하고 살벌한 통제 속에, 그리고 거친 선원과 죄수들과 함께 죄수의 몸으로 끌려가다가 폭풍우를 만났습니다. 배 안의 상황을 보나, 배 밖의 상황을 보나 주눅들 수밖에 없는 상황이었습니다. 그러나 그는 하나님의 계시를 전하면서 오히려 사람들의 믿음을 독려하였습니다. 구체적인 행동으로 로마 군병들을 움직이기도 하고, 배 안의 억센 사람들 276명을 담대하게 독려하면서 배 안과 밖의 험한 환경을 다스려가는 것을 볼 수 있습니다.

그를 둘러싸고 있던 환경은 바울이 개인적으로 극복하기 힘든 환경이었습니다. 먼저 그는 결박돼 있는 죄수의 신분이었습니다. 한마디로 보잘것없는 존재에 불과했습니다. 누구라도 그의 말을 우습게 여길 만한 험악한 환경이었습니다. 그러나 바울은 그런 환경을 자신이 원하는 선교 환경으로 바꾸면서 환경을 다스리는 주체가 되고 있습니다.

험한 환경에 지배되지 않고 오히려 그 환경을 다스리는 바울의 모습, 숙명론적 자세도 아니고 회피론적인 자세도 아닌 부드럽게 변혁하는 모습, 이것이 우리 그리스도인들의 모습이어야 할 것입니다. 이것이 세상 환경에 대한 그리스도인의 올바른 자세입니다.

어쩌면 우리도 바울이 처했던 것과 같은 험한 환경 속에 있는지도 모릅니다. 바깥으로는 풍랑 같은 경제 난국의 상황에 놓여 있고, 안으로는 거친 선원들처럼 권위적인 사람들의 횡포 속에 살고 있습니다. 부조리한 세상 속에서 갈등을 겪으며 살고 있습니다.

그러나 만일 바울이 가지고 있었던 내적 비밀을 알 수 있다면 우리도 우리 앞에 닥친 환경을 극복할 수 있습니다. 하나님과 내가 원하는 환경으로 만드는 주체적인 사람이 될 수 있을 것입니다. 그러면 바울이 가졌던 그 내적 비밀은 무엇일까요? 그 비밀을 통해 여러분이 처한 어려운 환경을 다스리는 자로 거듭나시기를 주님의 이름으로 축복합니다.

첫째, 영적 자존심을 가지라

바울이 그 험한 환경을 극복할 수 있었던 것은 바로 영적 자존심이 있었기 때문입니다. 바울에게는 확실한 영적 자존심이 있었습니다. 다음의 말씀을 보면 바울의 영적 자존심이 얼마나 대단했는지를 알 수 있습니다.

> 여러 사람이 오래 먹지 못하였으매 바울이 가운데 서서 말하되 여러분이여 내 말을 듣고 그레데에서 떠나지 아니하여 이 타격과 손상을 면하였더라면 좋을 뻔하였느니라 내가 너희를 권하노니 이제는 안심하라 너희 중 생명에는 아무런 손상이 없겠고 오직 배뿐이리라(행 27:21~22).

얼마나 당당하고 담대한 모습입니까. 이 내용만 보고서 어찌 바울이 죄수의 신분이라고 짐작할 수 있겠습니까. 바울은 비록 죄수로서 짐승 같은 취급을 받고 있지만 자신이 하나님의 자녀요, 특별히 택하여 세우신 하나님의 사도라는 사실을 결코 잊지 않았습니다. 그래서 그는 변론할 때마다 이 사실을 반복할 정도로 대단한 자부심을 가지고 있었습니다. 이 영적 자존심 때문에 그는 험난한 환경에서도 중심을 잃지 않고 오히려 환경을 다스리는 주체가 될 수 있었습니다.

우리에게도 영적 자존심이 있을 때 험악하고 부조리한 환경을 바꿀 수 있습니다. 나를 얽매고 주눅 들게 하며, 나를 에워싸고 위협하는 환경을 향해 웃을 수 있습니다. 너그러울 수 있습니다. 오히려 환경을 달래고 명령하여 환경을 바꾸는 사람이 될 수 있습니다. 이 영적 자존심이 여러분 속에 있습니까? 여러분 속에도 바울이 간직한 영적 자존심을 세우십시오.

요즘은 경제가 나빠서 사업도 어렵고 직장 구하기도 힘들다며 매우 무기력하게 살아가는 사람이 참 많습니다. 자존심이라는 것은 없어진 지 오래인 것 같습니다. 최근 니트족이라는 용어가 사회에 횡횡하고 있습니다. 그들은 의무교육을 마친 후에 직업 훈련을 받거나 구직 활동을 하고 있지 않은 젊은이들을 말합니다. 한마디로 삶의 의욕 없이 그냥 사는 사람들을 이야기합니다. 자존감을 잃은 채 물 흐르는 대로 살아갑니다. 사회를 원망하며 마지못해 살아가는 것입니다.

통계에 의하면 니트족은 점점 더 늘어가고 있습니다. 그들은 일할 의사가 있는데도 일하지 못하는 '실업자'와 구분되므로 '무업자'라고 부르기도 합니다. 니트족은 주로 부모에게 기생하여 생활하며 돈이 필요할 때는 마지못해 1~2일간 아르바이트를 하기도 합니다. 고용환경이 악화된 것을 핑계 삼아 삶의 긍지 없이 살아가며, 취업에 대한 의지가 없고 일에 대한 의욕을 상실한 것이 그들의 특징입니다. 니트족들이 늘어날 때마다 그 사회의 희망은 줄어듭니다. 범죄가 난무하고 무질서가 팽배해집니다.

이러한 사회 현상 속에서 그리스도인들은 진정한 삶의 자긍심을 가지고 살아야 합니다. 아무리 사회적 여건이 어렵더라도 우리는 영적 자존심을 잃지 말아야 합니다. 세상의 보잘것없는 존재가 아니라 그리스도께서 피값으로 사신 하나님의 귀한 자녀라는 자존심을 가져야 합니다. 나는 이 세상을 스쳐 지나가는 사람이 아니요, 하나님께 세상 사람들을 구원하라고 파송받은 특별한 사도라는 자존심이 필요합니다. 이 영적 자존심이 여러분 가슴속에 있어야 합니다. 그리스도인들이 세상 사람들과 다른 점이 무엇입니까? 바로 그리스도 안에서 "하늘에 속한 모든 신령한 복"(엡 1:3)을 받은 사람들이라는 것입니다. 그것은 세상이 알 수도 없고 줄 수도 없는, 받은 사람만 알 수 있는 하나님의 비밀입니다.

이 사실을 확인하고 나면 영적 자존심을 갖게 됩니다. 어려움이 생길 때마다 '전능하신 하나님이 나와 함께 계시니 환경을 두려워하지 않겠다'는 영적 자존심이 생깁니다. 영적 자존심을 가지고 내 삶에 역사하실 하나님을 기대하며 나아가면, 그때마다 하나님은 응답하십니다. 뿐만 아니라 구하지 않는 것까지도 채워주십니다. 이 같은 영적 자존심을 가진 사람은 욕망을 채워주는 푼돈 때문에 하나님을 저버리지 않습니다. 잠시 사업이 힘들다고 하나님을 저버리지 않습니다. 자녀가 대학 진학에 실패했다고 하나님을 원망하지 않습니다. 영적 자존심을 가진 사람은 어떤 역경 속에서도 하나님의 손길로 채우시는 더 큰 축복을 사모합니다.

하나님은 이러한 사람들에게 역사하십니다. 영적 자존심 하나로 인해 과분한 축복을 주십니다. 이 시대 속에 그리스도인들이 많지만 영적 자존심을 가진 그리스도인은 드문 것 같습니다. 부활하신 그리스도는 분명히 전능자의 손길로 우리와 함께 계십니다. 그럼에도 불구하고 현장 속의 그리스도인들은 사탄의 손에 장악되어 가고 있는 듯합니다.

지난 40년간 무속인이 70배 이상 폭증하였는데 무당의 90% 이상이 교회 다닌 경험이 있다고 합니다. 교회에서 인생의 답을 얻지 못하여 결국 무당이 되었다는 것입니다. 어떻게 이런 일이 있을 수 있습니까? 통계에 의하면 심지어 교인 중 약 30%가 무속인에게 점을 치러 간다고 합니다. 그리고 70% 이상의 교인들이 부처상이나 장승, 우상에게 절을 해도 괜찮다고 응답했다고 합니다. 도저히 영적 자존심을 찾아볼 수 없는 현실입니다. 영적 자존심이 있는 사람은 무당에게 점 보러 가지 않습니다. 아무것에나 절하지 않습니다. 참된 그리스도인이라면 영적 자존심이 있어야 합니다.

바울은 이스라엘이 로마의 속국으로 있는 상황에서 영적 자존심을 굽히지 않았습니다. "내가 복음을 부끄러워하지 아니하노니 이 복음은 모든 믿는 자에게 구원을 주시는 하나님의 능력이라"(롬 1:16). 하나님은 영적 자존심을 가진 바울에게 성령으로 역사하셨습니다. 바울의 사역으로 결국 로마도, 세계도 굴복할 수밖에 없었던 역사적 사실이 성경과 로마사에 증거로 남아 있습니다.

이제 영적 자존심을 회복하고 그리스도를 바라보십시오. 하나님의 소원을 가슴에 안고 당당하게 나아가야 합니다. 이런 사람에게 하나님이 성령으로 역사하셔서 모든 환경을 극복하고 승리하게 하실 것입니다.

둘째, 하나님의 섭리하심을 믿으라

바울은 어려운 환경을 극복하고 이기는 데 있어서 하나님의 섭리를 온전히 믿었습니다. 그 믿음이 있었기에 주변 환경이 어렵고 힘들지라도 극복하고 다스릴 수 있었습니다. 2차 세계대전 당시 수많은 유대인이 수용소에서 고난을 당하고 있었습니다. 온몸의 털이 깎이고 때로는 쥐 꼬리나 동족의 틀니가 들어 있는 스프를 먹어야 했습니다. 그들은 상식적으로 이해할 수 없는 현실 앞에서 절망하고 신앙을 회의하며, 하나님을 불신하기까지 했습니다.

그러나 그 가운데서도 수용소 벽에 이런 낙서를 남긴 사람들이 있었습니다. "나는 비 오는 날에도 먹구름 위에 태양이 빛나고 있음을 믿는다. 나는 이 험악한 상황에도 하나님께서 역사를 섭리하고 계심을 믿는다." 이 믿음은 훗날 역사를 통해 입증되었습니다. 그렇게도 위풍당당했던 나치의 바람이 하나님의 보이지 않는 섭리로 멎게 되고 세상의 질서가 회복되었습니다. 하나님의 섭리에 대한 강력한 믿음은 환경을 이기고 결국 승리하게 만듭니다.

바울에게는 그런 믿음이 있었습니다. 바울은 비록 암담한 환경에 놓여 있었지만 하나님께서 자신에게 주신 사명을 이루시기 위해 세상의 모든 질서를 주관하고 계심을 믿었습니다. 사도행전 27장 23~25절 말씀을 다시 살펴보겠습니다.

> 내가 속한 바 곧 내가 섬기는 하나님의 사자가 어젯밤에 내 곁에 서서 말하되 바울아 두려워하지 말라 네가 가이사 앞에 서야 하겠고 또 하나님께서 너와 함께 항해하는 자를 다 네게 주셨다 하였으니 그러므로 여러분이여 안심하라 나는 내게 말씀하신 그대로 되리라고 하나님을 믿노라.

이 믿음으로 인해 바울은 암담한 환경에서도 환경을 다스리는 주체가 될 수 있었습니다. 우리에게도 그런 믿음이 있어야 합니다. 그럴 때 험한 환경을 바꿀 수 있습니다. 어떤 환경에서든 그 속에 하나님의 섭리가 있음을 믿을 때, 나를 짓누르는 암담한 상황, 좀처럼 나아지지 않는 환경 속에서도 여유로울 수 있습니다. 그리고 폭포수가 떨어지는 것같이 명확한 결과가 나타나지 않더라도 낙심하지 않고 하나님을 향한 신앙을 지킬 수 있습니다.

종교개혁 당시, 마르틴 루터는 황제 앞에서도 담대했습니다. '나에게는 달리 방법이 없습니다. 하나님, 나를 도와주소서. 아멘'. 이렇게 고백하고 난 그는 한 영주의 도움으로 바르트부르크 성으로 위장 납치되어서 그곳에서 독일어 성경을 번역하였습니다. 그리고 루터는 일주일의 설교 기간에 "믿음은 강요로 얻어지는 것이 아니라, 그리스도를 믿는 믿음과 이 믿음에 근거한 사랑으로 얻어지는 것"이라는 사실을 전파하였습니다. 잔잔한 설교였지만 그 힘은 놀라웠습니다. 그는 하나님의 말씀으로 어려운 환경을 극복하고 종교개혁을 이룰 수 있었습니다.

벤자민 프랭클린은 "세상에는 세 가지 좋은 친구가 있다. 그것은 늙은 아내와 오래 기른 개와 넉넉한 돈이다"라고 하였습니다. 그럴듯한 말이지만 이것만 가지고는 부족합니다. 돈으로 침대는 살 수 있으나 잠은 살 수 없고, 돈으로 책은 살 수 있으나 지식은 살 수 없고, 돈으로 집은 살 수 있으나 가정은 살 수 없습니다. 돈으로 약은 살 수 있으나 건강은 살 수 없고, 돈으로 쾌락은 살 수 있으나 행복은 살 수 없고, 돈으로 십자가는 살 수 있으나 구세주는 살 수 없고, 돈으로 땅은 살 수 있으나 천국은 살 수 없습니다. 그러나 주님의 권능으로는 모든 것을 할 수 있습니다.

여러분의 마음속에는 담대한 믿음이 있습니까? 어떤 환경에서든지 하나님 한 분만을 의지할 용기가 있습니까? 하나님은 어떤 환경에서든지 섭리하고 계시다는 사실을 믿으십시오. 그분은 우리 삶의 모든 영적 질서를 회복하십니다. 이 믿음이 여러분의 마음에 굳건하게 자리 잡기를 소망합니다.

| 다 | 짐 | 기 | 도 |

나의 능력으로는 어떤 것도 완벽히 할 수 없지만
하나님의 권능으로는 모든 것을 할 수 있습니다.
이제, 나를 에워싼 문제들이 내 발목을 잡을지라도
영적 자존심과 강력한 믿음을 가지고
담대히 극복해나갈 수 있습니다.
주님의 도우심이 있기에 어떤 문제도 이겨낼 수 있습니다.
자기를 학대하던 추위를 극복하고
오히려 더 아름답게 피어나는 꽃나무처럼,
하나님의 섭리를 믿고 고난을 이기게 하옵소서.

모든 지킬 만한 것 중에 더욱 네 마음을 지키라
생명의 근원이 이에서 남이니라
잠 4:23

CHAPTER

10

내 안의 능력을 이끌어내라

어떤 심리학자가 다음과 같은 실험을 하였습니다. 악력, 즉 손아귀의 힘을 시험해보는 것이었습니다. 심리학자에게서 아무런 암시도 받지 않은 세 사람이 그들의 악력을 시험했더니 평균 46kg이 나왔습니다. 그러고 나서는 각자에게 최면을 걸어 "너희는 허약해서 힘차게 쥘 수가 없다"고 했습니다. 그러한 암시 아래에서 다시 실험하니 그들의 평균 악력이 13kg으로 떨어졌습니다. 이번에는 심리학자가 그들에게 "이제 너희는 다시 쥘 수 있다"라고 최면을 걸며 말했습니다. 그랬더니 '할 수 없다'고 말한 때보다 '할 수 있다'고 말했을 때 다섯 배나 강력했다고 합니다. 할 수 있다는 신념이 가져오는 결과를 보여주는 좋은 예입니다.

긍정적, 적극적 사고로의 심리적 전환이 환자의 투병 능력을 생리적으로 강화시킨다는 연구 결과도 있습니다. 정신적인 심기일전이 뇌에 어떤 자극을 주어 인체 면역 체계를 활성화시킨다는 사실에 대해서 이 분야 전문의들이 공감을 표하고 있습니다.

이러한 사실은 인간의 믿음이 인체 내에서 생화학적인 변화를 가져온다는 점을 명백하게 입증하여줍니다. 또한 그것은 하나님에 대한 순종을 바탕으로 한 믿음이 엄청난 변화를 가져온다는 것도 간접적으로 증명하는 것입니다. 언제나 할 수 있다는 자신감과 긍정적인 믿음으로 살아가시기를 축복합니다.

하이포니카 농법을 고안한 일본의 노자와 시게오 박사는 1985년 츠쿠바에서 개최된 만국과학박람회에서 새로운 토마토를 소개했습니다. 토마토는 한 그루에 보통 20~30개 정도가 열리는데, 그가 개발한 토마토는 한 그루에 1만 2천 개가 열려 모든 사람을 놀라게 하고 흥분하게 만들었습니다. 이 토마토는 바이오 기술을 사용한 것이 아니라 소위 수경재배법을 사용한 평범한 토마토였습니다. 그것은 흙이라는 장애를 제거해주고 태양의 힘과 영양분을 가지고 있는 물만으로 자라게 하는 방법입니다.

시게오 박사는 토마토가 자라는데 흙이 오히려 장애가 된다고 생각했습니다. 토마토가 흙 속에 뿌리를 내리는 데 많은 에너지를 소진하여 결과적으로 열매를 적게 낸다고 판단한 것입니다. 그래서 뿌리를 내리는 데 장애가 되는 요인, 즉 흙을 제거하고 영양분을 넣은 물과 태양과 공기를 제공한 결과 1만 2천 개 이상의 토마토를 수확했습니다.

식물도 성장하는 데 장애가 있으면 많은 에너지를 소모합니다. 그러나 그 장애물을 제거하면 백 배, 천 배의 결실을 맺을 수 있습니다. 인간도 마찬가지입니다. 자기가 알지 못하는 장애를 지닌 채 생활하는 경우가 많이 있습니다. 이 장애를 제거하면 자기 능력을 백 배 혹은 천 배까지 발휘할 수 있습니다.

그렇다면 내 안에 있는 능력을 발휘하지 못하도록 하는 장애요인은 무엇입니까? 인생을 항상 긍정적으로 살면서 능력을 최대한 발휘하려면 어떻게 해야 할까요?

첫째, 꿈을 가지라

꿈이 없는 것은 일종의 영적 질병입니다. 꿈이 없을 때 사람은 자기의 능력을 발휘할 수 없습니다. 이스라엘 백성은 꿈이 없었습니다. 그러므로 이스라엘 백성들은 정신적인 장애인이었습니다.

시편 81편 10~11절은 다음과 같이 기록합니다.

> 나는 너를 애굽 땅에서 인도하여 낸 여호와 네 하나님이니 네 입을 크게 열라 내가 채우리라 하였으나 내 백성이 내 소리를 듣지 아니하며 이스라엘이 나를 원하지 아니하였도다.

하나님께서는 우리가 꿈꾸기를 원하십니다. 그러나 이스라엘 백성은 꿈꾸는 것을 원치 않았습니다. 하나님께서는 출애굽한 이스라엘 백성들에게 젖과 꿀이 흐르는 가나안 땅을 꿈으로 주셨고 또 열국의 제사장 국가가 되는 꿈을 주셨습니다. 그럼에도 불구하고 그들은 그 꿈을 포기하고 애굽으로 돌아가자고 했습니다. 또 하나님을 철저히 섬기지 아니하고 우상을 섬겼습니다. 그래서 하나님께서는 그들을 사용하실 수 없었고 복을 주실 수도 없었습니다.

탐험가 콜럼버스가 미지의 세계를 항해할 때의 이야기입니다. 배 위에서 보이는 것은 사나운 바람과 거친 파도, 끊임없이 펼쳐진 바다와 하늘뿐이었습니다. 식량과 물은 점점 동이 났고 선원들은 두려움과 분노에 몸을 떨며 다시 귀항하자는 협박을 하기도 했습니다. 인간의 한계에 부딪힌 것입니다. 그런데도 콜럼버스는 태연하게 책을 읽고 있었습니다. 그리고 선원들을 향해 이렇게 말했습니다. "나는 나침반이나 선박의 성능을 믿고 항해를 시작한 것이 아니다. 나를 움직이는 동력은 꿈과 소망이다. 나는 지금 〈이사야서〉를 읽으며 새로운 에너지를 충전하고 있다."

우리에게는 꿈이 필요합니다. 우리는 하나님의 계획에 동참하고, 예수님의 꿈에 동참해야 합니다. 그리스도를 통해서 하나님 나라 확장과 재림의 꿈을 가져야 합니다. 예수님 역시 꿈이 있었습니다. 죄를 짓고 버림받은 인류를 위해 십자가 고난을 당하신 것도 그 꿈 때문입니다. 마음속에 꿈이 없는 사람은 꿈이 있는 사람보다 실력을 발휘하기가 더 힘듭니다. 우리 마음속에 꿈이 있으면 현재의 백 배에서 천 배까지의 능력을 발휘할 수 있습니다. 요셉처럼 하나님이 주신 꿈을 꾸는 사람은 영향력 있는 삶을 살아갈 수 있습니다.

1940년대 에드먼드 힐러리라는 뉴질랜드 청년은 에베레스트 산 정복에 나섰다가 실패하였습니다. 그는 하산하는 길에 이런 유명한 말을 남겼습니다. "산아, 너는 자라나지 못한다. 그러나 나는 자라날 것이다. 내 기술도, 내 힘도, 내 경험도, 내 장비도 성장할 것이다. 나는 다시 돌아온다. 그리고 기어이 너를 정복할 것이다." 약 10년 후인 1953년 5월 29일, 그는 다른 산악인 2명과 함께 역사상 처음으로 에베레스트 산 정상에 섰습니다.

꿈이 한두 번 좌절됐다고 해서 그 꿈을 포기하지 마십시오. 하나님이 주신 꿈은 반드시 이루어집니다. 꿈꾸는 자만이 자신의 능력을 최대한 발휘하여 승리자가 될 수 있습니다.

둘째, 감사하라

삶 속에서 감사하지 않는 사람도 영적으로 장애를 가진 사람입니다. 마음속에 원망, 불평, 탄식, 부정적인 생각을 가지고 있다면 영적 질병을 의심해보아야 합니다. 시편 50편 23절에는 "감사로 제사를 드리는 자가 나를 영화롭게 하나니 그의 행위를 옳게 하는 자에게 내가 하나님의 구원을 보이리라"라고 기록되어 있습니다. 이스라엘 백성들은 애굽에서 나온 그날부터 불평하기 시작했습니다. 매일 원망했습니다. 그 많은 하나님의 은혜와 축복을 받고도 불평과 탄식이 끊이지 않았습니다.

이렇게 영적인 장애를 가진 사람을 통해서 하나님이 무슨 일을 하실 수 있겠습니까? 그러므로 우리는 늘 감사의 조건을 찾아야 합니다. 생명을 주신 부모님께 감사해야 하고, 가르침을 주신 스승에게도 감사해야 합니다. 바른 길로 인도하는 영적 지도자에게도 감사의 마음을 가져야 합니다. 육체적 질병을 치료해주는 의사에게는 감사하면서 영적 질병을 치유해주는 영적 지도자들에게는 감사하는 사람이 별로 없는 것 같습니다.

영적 돌봄에 대한 감사를 모르는 민족은 쇠퇴하게 됩니다. 그리고 우리는 무엇보다도 하나님께 감사해야 합니다. 끊임없이 감사해야 됩니다. 시편 103편 2절은 "내 영혼아 여호와를 송축하며 그의 모든 은택을 잊지 말지어다"라고 기록하고 있습니다. 인생을 살다 보면 괴로운 일이나 실패를 경험하게 됩니다. 그럴 때 사람들은 쉽게 운명과 하늘을 원망합니다. 그러나 하나님은 현재 안 되는 것을 장차 되게 만드시는 분입니다. 모든 일이 합력하여 선을 이루실 것을 믿고 감사해야 하는 것입니다.

중국에서 오랫동안 선교 사역을 했던 미국인 선교사 헨리 프로스트라는 사람이 있었습니다. 그는 사역을 하다가 고통스러웠던 시절을 이렇게 고백했습니다. "오랫동안 중국에서 선교했지만 고향에서는 슬픈 소식이 날아왔습니다. 내 영혼에 검은 그림자가 드리워졌고 아무리 기도해도 그 흑암의 그림자는 거두어지지 않았습니다." 그런데 어느 날 선교본부에 들렀다가 벽에 쓰여 있는 '감사를 시도해보라Try Thanksgiving'는 글이 마음에 들어왔습니다. 그는 이런 간증을 했습니다. "그 시각부터 하나님께 감사를 드리기 시작했습니다. 그러자 흑암은 물러가고 내 영혼에 빛이 비치기 시작하였습니다."

감사는 마귀를 몰아내고 인생의 흑암이 빛으로 바뀌는 큰 원동력이 됩니다. 감사는 하나님을 우리 삶 가운데 모시는 통로입니다. 감사는 패배의 인생을 승리의 인생으로 바꿉니다. 욥과 다니엘을 보십시오. 현재는 안 되는 것 같지만 감사하며 사는 자에게 하나님은 그 미래를 형통하게 만들어주십니다. 우리 또한 하나님을 믿고 감사할 때 숨겨진 능력을 최대한 발휘할 수 있습니다.

셋째, 긍정적 태도를 가지라

무엇을 바라보아도 비뚤게 바라보는 사람이 있습니다. 남의 결점을 파헤치거나 남에게 못되게 대하는 것 역시 영적인 질병입니다. 그런 영적 장애를 가진 사람은 자기도 망하고 다른 사람도 괴롭게 합니다. 그들은 다른 사람들의 장점을 바라보고 칭찬하고 격려하지 못하고, 단점을 보고 헐뜯고 흠집을 내려고 합니다. 그들은 매사에 부정적이어서 '이것은 이래서 안 되고 저것은 저래서 안 되고…'라고 생각합니다.

민수기 13장에 보면 열두 정탐꾼의 이야기가 나옵니다. 이스라엘 백성들 중에 열두 명을 택해서 40일 동안 가나안 땅을 정탐하게 했는데, 그중 열 정탐꾼이 부정적인 내용을 보고했습니다.

> 우리가 두루 다니며 정탐한 땅은 그 거주민을 삼키는 땅이요 거기서 본 모든 백성은 신장이 장대한 자들이며 거기서 네피림 후손인 아낙 자손의 거인들을 보았나니 우리는 스스로 보기에도 메뚜기 같으니 그들이 보기에도 그와 같았을 것이니라(민 13:32~33).

영적인 문제가 있는 정탐꾼들은 하나님께서 젖과 꿀이 흐른다고 말씀하신 그곳을 부정적으로 보았습니다. 그러나 여호수아와 갈렙은 민수기 14장 8~9절에서 다음과 같이 말했습니다.

> 여호와께서 우리를 기뻐하시면 우리를 그 땅으로 인도하여 들이시고 그 땅을 우리에게 주시리라 이는 과연 젖과 꿀이 흐르는 땅이니라 다만 여호와를 거역하지는 말라 또 그 땅 백성을 두려워하지 말라 그들은 우리 먹이라 그들의 보호자는 그들에게서 떠났고 여호와는 우리와 함께 하시느니라 그들을 두려워 말라 (민 14:8~9).

긍정적인 사람은 반드시 승리합니다. 그게 하나님의 법칙입니다. 사도 바울은 자기 몸의 가시를 긍정적으로 바라보았습니다. 그것으로 인해 더 겸손해지고 하나님의 은혜를 구하며, 그분의 은혜로 충만해질 수 있었기 때문입니다. 사물을 긍정적으로 보는 사람은 모든 면에서 은혜와 축복과 승리를 누릴 수 있습니다.

일본의 하루하 나시오 박사에 따르면 의료 활동으로 실제 고칠 수 있는 병은 20%밖에 안 된다고 합니다. 그리고 긍정적인 생각을 할 때 완전한 치료에 도움이 된다고 합니다. 부정적인 생각을 하면 몸속에 독이 생겨나서 치료가 안 된다는 것입니다. 성경에도 "마음의 즐거움을 가지고 긍정적으로 생각하면 이것이 보약이지만 마음이 염려와 근심으로 가득 차고 부정적인 생각을 가지면 독이 된다"고 말씀하고 있습니다.

요셉은 긍정적인 사고를 했던 대표적인 사람입니다. 그는 17살에 형들의 미움을 받아 애굽에 종으로 팔려갔습니다. 그리고 보디발의 집에서 10년간 종살이를 하다가 또 모함을 받아 감옥에 갇히는 신세가 되었습니다. 보통 사람 같으면 가슴 치며 한탄하다가 병들어 죽었을지 모릅니다. 그러나 요셉은 이 모든 것을 하나님의 손에 맡기고, 모든 것이 합력하여 선을 이룬다는 긍정적인 생각을 가졌습니다.

창세기 50장 20~21절에 그 마음이 잘 나타나 있습니다.

> 당신들은 나를 해하려 하였으나 하나님은 그것을 선으로 바꾸어 오늘과 같은 만민의 생명을 구원하게 하시려 하셨나니 당신들은 두려워 마소서 내가 당신들과 당신들의 자녀를 기르리이다 하고 그들을 간곡한 말로 위로하였더라.

요셉은 자신 안에 있는 능력을 모두 발휘하여 승리의 인생을 살았습니다. 그는 염려와 근심의 질병에서 해방된 긍정적인 사람이었습니다.

산속에 여우 한 마리가 있었습니다. 여우의 발은 험한 산길을 걸어 다니면서 가시에 찔리고 돌멩이에 부딪혀 성한 날이 없었습니다. 여우는 어느 날 사람들이 도로 포장하는 것을 숨어서 지켜보았습니다. 돌자갈길 위에 아스팔트를 입히자 감쪽같이 반들거리는 길이 되지 않겠습니까? 여우는 옳거니 하고서 원대한 계획을 세웠습니다. 그것은 토끼를 잡아서 그 가죽으로 자기가 다니는 산길을 덮는 일이었습니다. 그날 여우는 토끼 한 마리를 잡았습니다.

"미안하지만 이 어르신이 산길을 편히 걸어 다니기 위해서는 너희가 희생할 수밖에 없구나."

그러자 토끼가 말했습니다. "아니 어르신, 이 산중 토끼를 다 잡아도 토끼 가죽길을 만들기는 어렵습니다. 그러나 제 꼬리를 잘라서 어르신의 발에 가죽신을 만들어 신으신다면 산길이 토끼 가죽길이나 다름없을 텐데 왜 그런 어리석은 짓을 하십니까?"

혹시 여러분도 세상을 자신의 마음에 들게끔 하느라 세월을 보내고 있지는 않습니까? 세상만사를 바꾸려 하기보다 당신의 마음을 먼저 바꾸십시오. 내면을 바꾸시기 바랍니다.

꿈이 없는 백성은 망합니다. 감사할 줄 모르는 사람은 버림을 당합니다. 부정적인 생각으로 늘 원망하고 남에 대해서 부정적인 생각과 말과 행동을 하고 있으면 그 사람은 망합니다. 우리는 영적인 장애에서 벗어나 꿈을 꾸어야 합니다. 범사에 감사해야 합니다. 그래서 우리의 삶 속에서 30배, 60배, 100배의 열매를 맺고 성공적인 인생을 살다가 천국에 올라갈 수 있기를 축복합니다.

|다|짐|기|도|

나는 하나님이 주신 꿈을 가지고 있습니까?
혹시 감사하지 않으며 살고 있지는 않습니까?
부정적인 생각을 갖고 있지는 않습니까?
나에게 어떤 영적 장애가 있는지 돌아봅니다.
이 같은 영적 장애물 때문에 넘어지지 않게 하옵소서.
하나님이 주신 능력을 100% 발휘하면서 살 수 있도록
주님께서 도와주시옵소서.

길르앗 사람 입다는 큰 용사였으니 기생이 길르앗에게서 낳은 아들이었고
길르앗의 아내도 그의 아들들을 낳았더라
그 아내의 아들들이 자라매 입다를 쫓아내며 그에게 이르되
너는 다른 여인의 자식이니 우리 아버지의 집에서 기업을 잇지 못하리라 한지라
이에 입다가 그의 형제들을 피하여 돕 땅에 거주하매
잡류가 그에게로 모여 와서 그와 함께 출입하였더라
삿 11:1~3

CHAPTER 11

한계를 넘어서라

우리는 한계를 넘어서는 것을 두려워합니다. 그래서 미리 판단하여 못 넘어갈 산이라고 생각하면 그냥 포기해버립니다. 그러나 하나님 앞에서 그리스도인은 못 넘을 산이 없습니다. 그분을 의지하는 믿음으로 우리는 무엇이든 할 수 있습니다.

유치원에 다니는 짱구가 머리를 깎으러 이발소에 갔습니다.

"아저씨, 이발하는 데 얼마예요?"

"응, 5천 원."

짱구는 2천 원밖에 갖고 있지 않았습니다. '돈이 모자라서 안 되겠구나' 하고 포기해버릴 수도 있었지만 짱구는 포기하지 않고 이야기합니다.

"아저씨, 그러면 면도는 얼마예요?"

"2천 원. 그런데 어린놈이 면도할 데가 어디 있다고?"

그러자 짱구가 웃으며 말했습니다.

"그럼, 제 머리 면도 해주세요!"

포기하지 않으면 지혜가 생깁니다. 길이 열립니다. 미리 포기하기 때문에 약간의 가능성마저 차단되는 것입니다. 우리는 우리에게 능력 주시는 하나님 안에서 한계를 넘어설 수 있습니다.

1940년대만 해도 마라톤 연구자들은 42.195km를 절대로 2시간 30분 내에 달릴 수 없다고 주장했습니다. 그보다 더 빨리 달리면 심장이 파열된다고 설명했습니다. 그런데 요즘은 어떻습니까? 2시간 30분 내에 완주한 선수가 많지만, 누구도 심장 파열로 죽지 않았습니다. 한국 마라톤 기록도 2000년 2월에 이봉주 선수가 세운 2시간 7분 20초입니다. 또한 세계적으로 2시간 6분대의 선수가 부지기수입니다. 모로코의 할리드 하누치 선수는 1999년 10월에 미국 시카고 마라톤에서 처음으로 6분 벽을 깨고 2시간 5분 42

초로 세계신기록을 수립했습니다. 모든 사람이 이 기록이 마지막일 것이라고 생각했습니다. 그러나 케냐의 폴 터갓이라는 선수가 2003년 베를린 마라톤 대회에서 2시간 4분 55초의 기록으로 결승 테이프를 끊었습니다. 마라톤 기록은 한계 너머를 바라보는 사람들에 의해 계속 깨졌습니다. 앞으로도 그 기록은 한계 너머를 꿈꾸는 사람들에 의해 계속해서 갱신될 것입니다.

사람들은 좀처럼 한계 너머를 바라보려고 하지 않습니다. 머리가 나빠서 안 된다, 학벌이 시원치 않아서 힘들다, 나이가 많아서 어렵다, 별 볼 일 없는 집안이라 틀렸다, 출신 지역 때문에 불가능하다 등등의 이유를 대며 스스로 한계를 그어놓습니다. 그리고 그 안에서 빠져나올 생각은 하지 못한 채 좌절하고 방황합니다. 그러나 우리가 분명히 알아야 할 것은 사단이 우리의 마음에 이러한 한계를 심어준다는 것입니다. 한계를 정하는 것은 사단의 장난입니다. 하나님의 사전에는 한계라는 단어가 없습니다. 모든 것을 다 하실 수 있는 전능하신 하나님께는 한계가 없습니다.

성경에는 한계를 극복한 수많은 인물이 등장합니다. 타국살이를 하던 요셉과 다니엘은 국무총리 자리까지 올랐습니다. 키가 작은 것이 결점이었던 삭개오는 영광스러운 예수님의 제자가 되었습니다. 간질 등으로 육체가 건강하지 못했던 바울은 위대하게 쓰임 받은 사도가 되었습니다. 〈사사기〉에 등장하는 입다 역시 한계를 극복한 사람이었습니다.

첫째, 불행한 환경을 극복하라

사사기 11장 1~2절에 보면 "길르앗 사람 입다는 기생이 길르앗에게서 낳은 아들이었고 길르앗의 아내도 그의 아들들을 낳았더라 아내의 아들들이 자라매 입다를 쫓아내며 그에게 이르되 너는 다른 여인의 자식이니 우리 아버지 집에서 기업을 잇지 못하리라"라고 이야기합니다. 입다는 술집에서 몸 파는 여인의 아들이었습니다. 그는 집안에서 천덕꾸러기처럼 눈총을 받고 자랐습니다. 다른 어머니로부터 구박을 당했고 이복형제들로부터 멸시를 받았습니다. 본처로부터 태어난 형제들이 기생의 아들 입다에게 자기 아버지의 유산이 조금이라도 돌아갈까 봐 경계하며 그를 내쫓았습니다. 입다는 눈물을 머금고 정든 고향을 떠나 요단 강 동북쪽에 있는 돕 지방으로 가야 했습니다. 그리고 그곳에서 살게 되었습니다.

사사기 11장 3절을 보면 "이에 입다가 그 형제를 피하여 돕 땅에 거하매 잡류가 그에게로 모여 와서 그와 함께 출입하였더라"라고 이야기합니다. 그는 새로운 마음으로 타향살이를 하려 했지만, 그것 또한 자신의 마음대로 되지 않았습니다. 직업 없이 떠도는 불량배들이 그의 주위로 몰려들었기 때문입니다. 입다는 행복한 생활과는 거리가 먼 사람이었습니다. 한번 생각해보시기 바랍니다. 그가 스스로 결정해서, 또는 자신의 실수로 말미암아 이러한 고난을 겪게 된 것입니까? 그렇지 않습니다. 그의 의지와 상관없이 불행한 삶을 산 것입니다.

　아마 이러한 환경에 처하게 되면, 대부분의 사람은 신세타령을 하며 세상을 원망할 것입니다. "하필 이런 집구석에 태어나서 이 모양으로 사느냐", "차라리 낳지를 말지, 왜 낳아서 이 고생을 시키느냐" 하고 말입니다. 부모, 형제를 원망하고 이웃을 원망하고 심하면 삶을 포기할 수도 있을 것입니다. 그러나 입다는 달랐습니다. 그는 다른 사람을 원망하지 않았습니다. 그리고 주위에 백수들이 몰려들었기 때문에 갱단을 조직하여 얼마든지 나쁜 짓을 할 수 있었지만 그렇게 하지 않았습니다. 그가 주어진 환경을 자포자기하는 마음으로 받아들이고 폭력배로서 일생을 살았다면 그는 결코 하나님으로부터 쓰임받지 못했을 것입니다. 그러나 그에게는 하나님을 경외하는 신앙이 있었기에 물러서지 않았습니다. 하나님으로 인해 반드시 자신에게도 희망이 있다는 것을 굳게 믿고 불행한 환경을 결국 극복해냈습니다.

입다는 돕 땅에 거하면서 차분하게 실력을 쌓았습니다. 사사기 11장 4~6절을 보면 그가 고난 속에서도 좌절하지 않고 실력을 쌓았다는 것을 알 수 있습니다.

> 얼마 후에 암몬 자손이 이스라엘을 치려 하니라. 암몬 자손이 이스라엘을 치려 할 때에 길르앗 장로들이 입다를 데려오려고 돕 땅에 가서 입다에게 이르되 우리가 암몬 자손과 싸우려 하니 당신은 와서 우리의 장관이 되라.

어느 날 암몬 족속이 이스라엘을 침략했을 때, 고향에 있는 어른들이 입다에게 찾아왔습니다. 그리고 "우리가 암몬 자손과 싸우려 하니 당신은 와서 우리의 장관이 되라"라고 부탁합니다. 이것이 무슨 말입니까? "우리의 군대 지휘관이 되어주십시오. 저 이방 나라 암몬 군대를 무찌르기 위해 지도자가 필요합니다. 당신이 우리의 지도자가 되어주십시오." 이러한 사실을 통해서 우리가 알 수 있는 것은 입다가 군대 장관이 될 정도로 실력을 키웠다는 것입니다. 더구나 적군과 대치하는 상황에서 군대 장관에 임명될 정도라면 입다의 실력이 상당하다는 것을 알 수 있습니다. 그는 절망할 수밖에 없는 환경에서도 절망하지 않았습니다. 주저앉을 수밖에 없는 환경에서도 주저앉지 않았습니다. 좌절할 수밖에 없는 환경에서 좌절하지 않았습니다. 오히려 꾸준히 실력을 키웠습니다.

어느 가난한 농촌 마을에 한 청년이 살고 있었습니다. 그는 고등학교 진학에 실패하고 시골에서 농사일을 배우게 되었습니다. 그는 사방이 꽉 막힌 것같이 미래가 보이지 않았습니다. 고등학교 진학도 실패한 주제에 미래를 꿈꾼다는 것은 어리석은 일처럼 보였습니다. 그렇게 절망에 빠져 있던 그가 어느 날 마을 교회에 나가게 되었습니다. 신앙생활을 하면서 점차 그에게도 꿈이 생겼습니다. 믿음과 꿈은 그를 살맛나게 만들었습니다. 그는 비록 농촌에서 농사를 짓고 있었지만, 틈틈이 실력을 쌓아갔습니다. 열심히 공부해서 고등학교에 진학했고, 이어서 꿈도 꾸지 못했던 대학에까지 진학하게 되었습니다. 나중에는 하와이로 유학을 가서 박사학위까지 받았습니다. 그 후 이 청년은 아프리카로 갔습니다. 과거에 찢어지게 가난했던 이 청년은 기아에 시달리는 아프리카의 식량 사정을 획기적으로 개선했습니다. 아프리카 사람들에게 꿈을 주었고, '위대한 한국인'이라는 칭호를 얻었습니다. 현재 그는 북한의 어려운 식량 사정을 위해서 힘쓰고 있습니다. 이분이 바로 옥수수 박사라고 불리는 김순권 박사님입니다.

혹시 가정에 말 못할 어려움이 계속됩니까? 주어진 환경이 너무나 힘드십니까? 지금 고난 가운데 있습니까? 그러나 낙심하지 마시기 바랍니다. 지금의 가난이 영원한 가난이 아닙니다. 지금의 불행이 영원한 불행이 아닙니다. 지금의 아픔이 영원한 아픔이 아닙니다. 슬픔 너머에 기쁨이 있고, 불행 너머에는 행복이 있습니다. 누구도 원망하지 마시기 바랍니다. 환경을 바라보며 불평하지 마시기 바랍니다. 지금은 힘들고 열악한 환경에 처해 있다 할지라도, 그 속에서 믿음을 키우고 실력을 키우시기 바랍니다. 중요한 것은 환경이 아니라 믿음과 실력입니다. 실력만 있으면 반드시 환경이 극복됩니다. 시편 기자도 "눈물을 흘리며 씨를 뿌리는 자는 기쁨으로 거두리로다 울며 씨를 뿌리러 나가는 자는 반드시 기쁨으로 곡식 단을 가지고 돌아오리로다"(시 126:5~6)라고 말씀했습니다.

환경을 바꾸려고 하지 마십시오. 환경을 바꾼다 할지라도 실력이 없으면 아무 소용이 없습니다. 환경을 원망하지 말고 오히려 실력을 키우시기 바랍니다. 실력을 키우면 환경이 바뀝니다. 실력을 키우면 농사꾼이 대학생이 되고, 박사도 됩니다. 사사 입다는 어려운 환경을 원망하거나 저주하거나 거부하지 않았습니다. 그는 자신에게 주어진 환경을 극복하고 그 가운데에서 실력을 키웠습니다. 어떠한 여건에 있든지 상관없이 하나님을 향한 믿음 가운데 꾸준히 실력을 쌓아나가시기 바랍니다. 불행한 환경을 극복하고 하나님께 쓰임받는 삶 되시기를 소망합니다.

둘째, 용서와 사랑으로 한계를 극복하라

입다는 미움보다는 용서와 사랑을 가졌습니다. 고향을 떠난 그가 객지 생활을 하며 실력을 쌓아 큰 용사가 되었을 때, 고향 어른들이 찾아와서 "우리가 어려움에 처해 있으니 우리를 위하여 군대 장관이 되어 주십시오"라고 간청합니다. 그렇지만 생각해보십시오. 과거 고향에 있을 때 사람들에게 어떤 대접을 받았습니까? 그는 정말로 고향사람들로부터 많은 구박을 받았습니다. 사사기 11

장 7절에 보면 "입다가 길르앗 장로들에게 이르되 너희가 전에 나를 미워하여 내 아버지 집에서 쫓아내지 아니하였느냐 이제 너희가 환난을 당하였다고 어찌하여 내게 왔느냐"라고 이야기합니다. 고향 어른들이 도와달라고 찾아왔을 때, 그의 마음이 어떠했겠습니까? 추방할 때는 언제고, 자기들이 위기에 처하니까 도움을 요청하는 그들이 너무나 미웠을 것입니다.

하지만 그는 사사로운 감정을 멀리하고 그들을 용서와 사랑으로 대했습니다. 11절에 보면 "이에 입다가 길르앗 장로들과 함께 가니 백성이 그로 자기들의 머리와 장관을 삼은지라"라고 이야기합니다. 비록 자기를 미워하고 푸대접했던 사람들이었지만, 입다는 그럼에도 불구하고 그들을 위해 전쟁터에 나가 암몬 군대를 대항하여 싸우기로 했습니다. 여러분, 바로 이러한 모습이 그리스도인들의 참된 삶의 모습이라고 할 수 있습니다. 미움이 아닌 용서와 사랑으로 사는 것이 우리 그리스도인들의 본분이라는 것을 기억하시기 바랍니다.

김구 선생이 만주에서 독립운동을 할 때에 일본인 헌병이 한국 청년을 매수해서 김구 선생을 암살하라는 지령을 내렸습니다. 그러나 이 청년은 얼마 안 가서 붙잡혔고, 사람들은 청년을 처형하기 직전에 김구 선생에게 데리고 왔습니다. "선생님을 암살하려던 청년을 붙잡았습니다"라고 이야기했더니, 김구 선생은 그 자리에서 이 청년을 용서해주라고 하였습니다. 그러면서 그 청년을 붙들고서 "내가 만나고 싶어도 만나지 못한 한국 청년을 여기서 만나니 실로 감격스럽습니다"라고 말했습니다. 그리고는 자기를 암살하려고 권총을 들었던 그 청년을 부둥켜안고서 기뻐하였습니다. 그러자 이 청년은 김구 선생의 온유한 인품에 감동을 받아, 독립군으로 끝까지 충성을 다해 헌신했다는 이야기가 전해집니다.

오늘날 우리에게 필요한 것은 용서와 사랑입니다. 다른 사람을 미워하는 것은 그에게 상처를 주기도 하지만, 자기 자신에게도 고통입니다. 그러나 남에게 관용을 베풀면 관용을 베푼 만큼 나에게 유익이 됩니다. 우리가 잘못하고 나서 용서를 받는 것도 기쁜 일이지만, 잘못한 사람을 용서해주는 데에 더 큰 기쁨이 있습니다. 입다는 미움이라는 한계를 용서와 사랑으로 극복했습니다. 이것이 바로 하나님의 마음을 움직이는 아름다운 모습입니다.

셋째, 하나님의 능력으로 한계를 넘어서라

입다는 전적으로 하나님의 능력을 믿었습니다. 사사기 11장 1절을 보면, "길르앗 사람 입다는 큰 용사"라고 말씀하고 있습니다. 그는 자타가 공인하는 큰 용사였습니다. 누구도 대적할 수 없는 엄청난 힘과 용기를 가지고 있었습니다. 그러나 그는 전쟁터에 나가면서 "내가 가서 싸우리라. 내 능력으로 승리하리라. 나를 믿으라. 나는 저 암몬 족속들을 무찌를 수 있다"라고 말하지 않았습니다. 9절 이후에 보면 "입다가 길르앗 장로들에게 이르되 너희가 나를 데리고 본향으로 돌아가서 암몬 자손과 싸우게 할 때에 만일 여호와께서 그들을 내게 넘겨주시면", "주께서 과연 암몬 자손을 내 손에 붙이시면"이라고 말합니다.

입다는 지금 싸움에서 이기고 지게 하시는 분이 하나님이심을 고백하고 있는 것입니다. 자신의 힘을 과시하지 않고 철저하게 하나님의 능력을 바라고 있는 것입니다. 그는 '하나님께서 그들을 자기 손에 붙이시면 이길 것입니다'라며 승리는 자신에게 있지 않고, 오직 하나님께 달려 있다고 고백했습니다. 우리가 한계를 극복할 수 있는 비결이 바로 여기에 있습니다. 인생을 살아갈 때 내 힘과 능력, 내 경험과 지혜로 성공할 것 같지만 성공하게 하시는 분은 내가 아니라 하나님이십니다. 하나님이 도와주셔야 성공할 수 있고, 우리의 한계를 극복할 수 있습니다.

만약 자신의 능력으로 성공하는 것이라면 많이 배우고 경험이 풍부한 사람들은 100% 성공해야 합니다. 그러나 그렇지 않습니다. 능력 있는 사람들이 성공하는 경우도 있지만, 실패하는 경우도 많습니다. 하나님이 축복의 바람을 불어주셔야만 성공할 수 있습니다. 하나님께서 뒤에서 꽉꽉 밀어주셔야만 우리가 앞으로 나아갈 수 있습니다. 잠언 16장 9절은 "사람이 마음으로 자기의 길을 계획할지라도 그의 걸음을 인도하는 이는 여호와시니라"고 분명히 말씀하고 있습니다.

인생에서 확실한 열매를 맺는 비결은, 승리를 주시는 주님을 바라보는 것입니다. 사사 입다에게는 믿음이 있었습니다. 주님이 함께하시면 능히 암몬 족속을 이길 수 있다는 확신이 있었습니다. 목표를 향해 앞으로 나아가기를 원하십니까? 그렇다면 먼저 하나님께 기도하시기 바랍니다. 승리하게 하시는 주님을 향한 믿음이 굳건히 자리 잡게 하십시오.

사사 입다는 오늘 이 시대를 살아가는 우리의 모델이 됩니다. 삶의 기준입니다. 불우한 환경, 고난의 환경 가운데에서 절망하는 사람들에게 한계를 극복하는 좋은 방법을 가르쳐주고 있습니다. 지금 어떤 환경에 처해 있습니까? 한계를 극복한 믿음의 선배들을 통해 희망을 갖기 바랍니다. 입다는 술집 기생의 아들로서 참으로 불행한 환경의 사람이었습니다. 로마제국의 영웅이라고 칭하는 카이사르 황제는 간질 환자였습니다. 가장 위대한 황제라는 아우구스투스는 심한 위궤양으로 평생 고생했습니다. 2차 세계대전 때 영국 공군의 영웅인 더글러스 베이더는 두 다리를 절단하고 의족을 끼운 뒤에도 공중전의 최우수 조정사가 되었습니다. 미국의 버클러 박사가 신학교 교수로 있을 때, 희랍어에 최고점을 받은 학생은 시각장애인이었다고 합니다. 그에게 비결을 물었더니 빌립보서 4장 13절로 대답했다고 합니다. "내게 능력 주시는 자 안에서 내가 모든 것을 할 수 있느니라." 우리도 능력 주시는 주님 안에서 한계를 극복할 수 있습니다.

수많은 그리스도인이 각종 장벽에 막혀서 무기력한 삶을 살아가고 있습니다. 그러나 걱정하지 마십시오. 이미 우리는 한계를 극복한 사람들입니다. 예수님께서 우리 앞에 막힌 장벽을 허물어버리기 위해 십자가에 달려 돌아가셨습니다. 죄와 저주의 문제, 질병의 문제, 관계의 문제 등 우리의 모든 문제를 해결하기 위해 예수님께서 몸이 찢기시고, 피 흘리셨습니다. 예수님으로 인해 구원받은 우리는 더 이상 별 볼일 없는 사람들이 아닙니다. 하나님의 자녀로서 더 이상 초라하게 살지 마십시오.

|다|짐|기|도|

시험에 낙제하고, 사업에 실패하고
다른 사람에게 상처받은 적도 많이 있습니다.
이런 문제가 마음을 불편하게 할 수 있겠지요.
그러나 결코 나를 넘어뜨릴 수는 없습니다.
내 삶을 가로막고 있던 장벽은 이미 사라졌습니다.
내게 능력 주시는 주님 안에서 사사 입다처럼 한계를 극복하고
승리의 삶을 살아가도록 도와주옵소서.

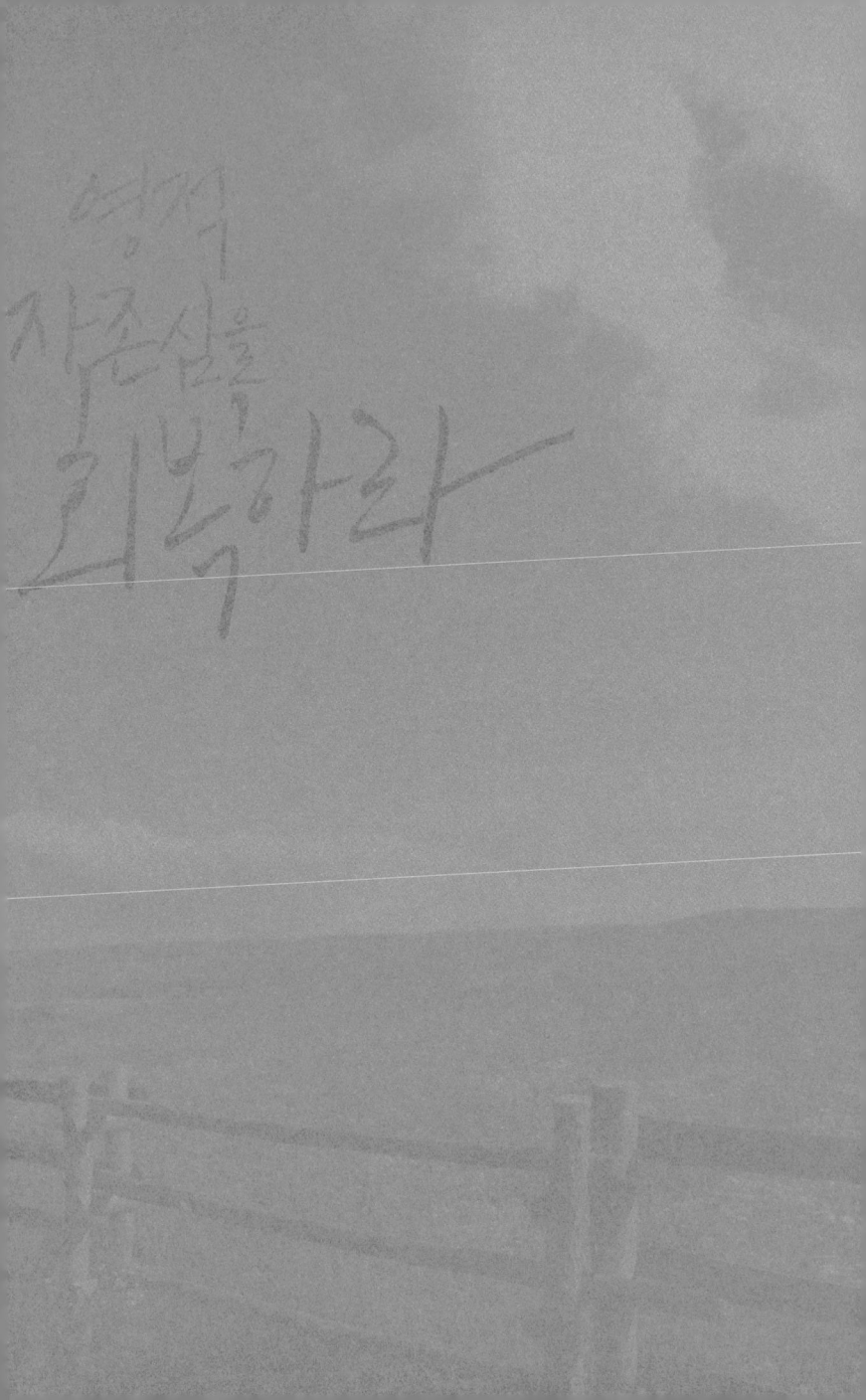

영적
자존심을
회복하라

PART 4

하나님의 말씀을 성취하라

여러분이 열정적인 믿음으로 하나님의 일에 헌신하고 충성한다면 반드시 하나님께서 기억하시고 축복하실 것입니다. 믿음은 나이와 상관 없습니다. 학력과도 비례하지 않습니다. 하나님이 부르시는 그날까지 주님을 향한 믿음을 붙잡고 하나님의 약속을 성취하십시오.

엘리사가 집에 들어가 보니 아이가 죽었는데 자기의 침상에 눕혔는지라
들어가서는 문을 닫으니 두 사람 뿐이라
엘리사가 여호와께 기도하고 아이 위에 올라 엎드려 자기 입을 그의 입에,
자기 눈을 그의 눈에, 자기 손을 그의 손에 대고 그의 몸에 엎드리니
아이의 살이 차차 따뜻하더라 엘리사가 내려서 집 안에서 한 번 이리저리 다니고
다시 아이 위에 올라 엎드리니 아이가 일곱 번 재채기 하고 눈을 뜨는지라

왕하 4:32~35

CHAPTER 12

생명을 살리는 믿음을 가지라

커밍엄이라는 사회학자는 현대인의 성공 요소로 다음의 네 가지를 말하고 있습니다. 먼저 현대사회에서는 IQ, 곧 지능이 높아야 살아남을 수 있다고 말합니다. 두 번째로는 지식을 들었고, 그다음으로 기술을 언급했습니다. 모든 지식은 그것을 응용할 수 있는 기술이 수반되어야 한다는 것입니다. 능숙하고 숙련된 기술이 있어야 현대사회에서 성공할 수 있다는 것입니다. 그렇다면 네 번째 요소는 무엇일까요? 그것은 다름아닌 '태도'입니다. 그는 이것이 다른 어떤 능력보다 중요하다고 말합니다. 삶의 태도만 제대로 되어 있으면 지능과 지식과 기술이 좀 부족해도 성공할 수 있다는 것입니다. 여러분은 어떠한 삶의 태도를 가지고 있습니까? 열왕기하 4장에 등장하는 수넴 여인은 생명을 살리는 삶의 태도를 가지고 있었습니다. 한 사람의 태도가 죽은 자도 살릴 수 있습니다.

수넴 여인과 그 가정은 엘리사를 극진하게 대접한 결과 아들을 얻었습니다. 그리고 다음의 말씀은 아들을 얻은 지 수 년이 지난 후의 상황입니다. "그 아이가 저으기 자라매"(왕하 4:18)라는 것은 했습니다. 쑥 자랐다는 얘기입니다. 엄마의 무릎에 앉아 있다는 20절 말씀에 근거하면, 한참 재롱을 부릴 나이인 서너 살 정도가 아닌가 생각됩니다.

이만큼 자란 아이가 아버지가 일하는 추수 현장을 찾아갔다가 갑자기 몸이 아프게 되었습니다. 학자들의 견해로는 팔레스틴의 추수할 때가 연중 가장 더울 때라 일사병에 걸렸거나, 아니면 일사병으로 인한 뇌염이 아니었나 추측하고 있습니다. 아이의 두통이 심해지자 그 집 일꾼이 어머니인 수넴 여인에게로 데리고 갔고, 아이는 어머니의 무릎에 몇 시간 앉아 있다가 죽게 되었습니다. 아마도 몇 시간 동안 온갖 조치를 다 했을 것입니다. 그러나 아이는 깨어나지 못하고 결국 죽었습니다.

아이가 죽은 다음에 그 여인이 어떤 태도를 취했는지 살펴보겠습니다. 먼저 그녀는 아들이 죽는 슬픔과 위기감 속에서 매우 침착하게 반응합니다. 누구든지 자식을 잃게 되면 넋을 잃고 울부짖게 되지요. 하지만 수넴 여인은 정신을 잃지 않고 의연하게 행동했습니다. 그러나 침착하게 반응했다고 해서 냉정하다는 것은 아닙니다. 그 속에는 아들의 죽음으로 인해 가슴이 미어지고, 급한 마음이 있었습니다.

즉각적으로 엘리사에게 달려갈 때 겉모습은 침착했지만, 속은 급해서 나귀를 모는 사환에게 당부하기를 "내가 말하지 아니하거든 나를 위하여 달려가기를 멈추지 말라"(왕하 4:24)라고 합니다. 그리고 엘리사에게 도착했을 때에도 별로 따라나설 마음이 없는 엘리사를 강제로 재촉해서 기어이 함께 가도록 만듭니다. 이것이 어미의 마음입니다. 겉으로는 할 일을 차분하게 하고 있지만, 속으로는 찢어지는 듯한 마음인 것입니다.

첫째, 믿음의 확신을 행동으로 옮기라

여인은 죽은 아들을 엘리사가 머무는 방의 침상에다 눕혔습니다. "그의 어머니가 올라가서 아들을 하나님의 사람의 침상 위에 두고 문을 닫고 나와." 아이가 죽은 것을 다른 사람들이 알지 못하도록 감추고 있습니다. 이렇게 숨긴다고 일이 해결되는 것은 아니지 않습니까? 오히려 나중에 더 큰 문제가 될 수 있습니다. 그런데도 이 여인은 아들을 엘리사의 방에 넣고, 문을 닫아서 다른 사람들이 알지 못하도록 했습니다. 여인의 이런 태도에서 우리는 믿음의 확신을 볼 수 있습니다. 여인은 하나님의 사람 엘리사만 불러온다면 이 일은 아무것도 아닌 일로 끝날 것이라는 것을 알고 있었습니다. 믿음의 확신을 행동으로 옮긴 것입니다.

사람들은 믿는다고 하면서도 실제 행동은 그렇지 못한 경우가 많습니다. 하나님만 의지한다고 하면서 뒤로는 궁합, 사주를 다 봅니다. 길일을 따지면서 이사 가고 결혼합니다. 영적 지도자를 믿는다고 하면서 뒤로는 비방하고 헐뜯고 그 뜻대로 따르지 않습니다. 그것은 믿음이 아닙니다. 믿음은 그 행동으로 옮겨질 때 드러나는 것입니다. 하나님을 경외한다고 하면 그것을 행동에 옮겨야 합니다. 영적 지도자들을 인정한다면 그것을 행동에 옮겨야 합니다. 하나님에 대한 믿음의 태도가 어떻게 행동으로 옮겨지느냐에 따라 기적을 일으킬 수도 있고 오히려 축복을 빼앗길 수도 있습니다. 이 수넴 여인은 하나님의 사람 엘리사를 믿었습니다. 말로만 믿은 것이 아니라 실제로 행동에 옮겼습니다. 이것이 진실된 믿음입니다. 이러한 삶의 태도를 가진 사람이 기적의 주인공이 됩니다.

서울에 있는 어느 교회 장로님의 간증입니다. 이 장로님은 앞에서는 하나님을 잘 믿고 영적 지도자들을 존경한다고 말하면서 뒤로는 영적 지도자를 냉대하고 비난하고 다녔습니다. "지가 목사면 목사지 나보다 나이도 어린 게 무슨 축복을 준다고 야단이야. 나에게 와서 받으라고 해…."

그러던 어느 날 차를 몰고 지방 도로를 달리는 길이었습니다. 즐거운 마음으로 가고 있는데 갑자기 어디선가 음성이 들리더랍니다. "너는 그렇게 나를 욕하고도 나를 믿는다고 하느냐? 겉으로는 하나님을 믿는다고 하고 뒤로는 그렇게 나의 종들을 욕하고 다니는 것이 그렇게 좋으냐?" 그 음성을 들은 장로님은 순간 아찔했습니다. 동시에 중앙선을 넘어 달려오는 화물차와 충돌하고 말았습니다. 감사하게도 생명을 건져 병원에 입원해 있는데 자꾸 그 음성이 떠오르는 것입니다. 자신의 이중적인 모습에도 불구하고 자신을 위해 기도해주던 영적 지도자들의 모습이 아른거려서 가만히 있을 수가 없었습니다. 자신도 모르게 눈물을 흘리며 회개했다고 합니다. 그리고 몸이 다 나은 후 누구보다도 하나님을 확실히 섬기고 모든 믿음을 행동으로 실천했다고 합니다.

사탄이 제일 잘하는 것이 겉과 속을 다르게 만드는 것입니다. 하나님은 겉과 속이 일치하는 사람을 축복하십니다. 수넴 여인은 주님의 종 엘리사를 확실히 믿었기에 그 믿음을 행동으로 옮겼습니다. 이런 태도는 모든 문제 해결의 시초가 됩니다.

둘째, 흔들리지 않는 믿음을 가지라

수넴 여인은 아들이 죽은 상황에서도 남편에게 흐트러지지 않는 의연한 모습을 보였습니다. 대신 남편에게 사환과 나귀 한 마리를 급히 보내달라고 요청하면서 "내가 하나님의 사람에게 달려갔다가 돌아오겠다"고 말합니다. 아들이 죽은 것을 알지 못한 남편은 이유가 궁금했습니다. 그래서 초하루도 아니고 또 안식일도 아닌

데 무슨 일로 선지자에게 가느냐고 묻습니다. 그러자 여인은 "평안이니이다"라고 대답합니다. 쉽게 말하면 "별일 아니예요"라는 뜻입니다. 남편에게 말하면 더 빨리 다녀올 수도 있을 것이고, 또 다른 방법이 있을지도 모르는데, 왜 남편에게까지 말하지 않았을까요?

아마도 그 남편이 알았다면 당장 어떤 조치를 취하려고 했을 것입니다. 아들이 죽었는데 장사 지낼 생각은 하지 않고 도대체 하나님의 사람에게 가서 뭘 하겠다는 것이냐, 아이가 이미 죽었는데 뒤늦게 하나님의 사람이 온다고 무슨 소용이 있느냐며 아내의 행동을 가로막았을지도 모릅니다. 또한 집안의 다른 사람들까지 다 알게 돼서 집안이 발칵 뒤집혔을 수도 있습니다. 한 가지 중요한 것은 여인의 생각에는, 남편이 죽은 아들을 살릴 수 있다는 믿음에까지 이르지 못했다고 여길 수도 있다는 것입니다. 여인은 자기 아들이 잠시 후면 다시 살아날 것이라는 믿음이 있었기에 남편을 비롯한 집안 식구들에게 불필요한 슬픔을 끼치고 싶지 않았고, 또 자기 마음이 혼란스러워지는 것을 방지하려고 했던 것입니다.

수넴 여인의 행동들을 통해서 어떤 급한 상황을 만나도 당황하지 않는 침착한 그리스도인의 모습을 봅니다. 우리 속담에 "호랑이에게 물려가도 정신만 차리면 산다"고 하지 않았습니까? 수영을 할 줄 아는 사람이 물에 빠져 죽는 이유는 갑자기 당황하면 자신이 수영할 줄 안다는 사실을 잊어버리기 때문이라고 합니다. 어떤 목사님은 이렇게 고백합니다. "저는 이미 500건 이상의 장례를 치러본 경험이 있지만, 막상 제 아버님이 돌아가셨을 때는 우선 무엇부터 처리해야 하는지 아무것도 생각나지 않았습니다."

급박한 상황을 만나거나 어려운 일에 갑자기 부딪치게 되면, 허둥지둥하다가 일을 망치는 경우가 많습니다. 그러나 우리는 언제나 하나님이 함께하심을 믿고 당당하게 그 일을 받아들여야 합니다. 하나님의 인도하심을 기대하면서 하나씩 하나씩 일을 처리해 가야 합니다.

사도 바울은 고난을 앞에 두고 있는 고린도교회에 편지하면서 "내가 너희를 인하여 범사에 담대한 고로 기뻐하노라"(고후 7:16)라고 말씀했습니다. 그리고 실제로 자신이 그런 모습을 보였습니다. 바울을 호송하는 알렉산드리아 배에 276명이 타고 가다가 지중해 한복판에서 '유라굴로'라는 태풍을 만나게 되었습니다. 배에 탄 사람들은 당황했고 선원들은 놀라서 배에 있는 모든 물건을 버리기도 했지만 결국에는 "구원의 여망마저 없어졌다"라고 여기고 배와 생명을 포기할 마음을 먹었습니다. 그러나 바울은 이렇게 말했습니다. "내가 너희를 권하노니 이제는 안심하라 너희 중 생명에는 아무 손상이 없겠고 오직 배뿐이리라"(행 27:22). 바울이 이렇게 말할 수 있는 근거는 다른 것 아닙니다. 사도행전 27장 25절 "나는 내게 말씀하신 그대로 되리라고 하나님을 믿노라"는 말씀처럼 오직 믿음의 힘 때문입니다. 그리고 바울의 말대로 276명, 한 사람도 상함이 없이 다 구조를 받게 됩니다.

여인의 담대함은 '믿음의 힘' 때문이었습니다. 아들이 죽는 그 위급함 속에서도 하나님께서 역사하실 것을 기대하는 믿음이 있었기 때문에 여인은 그에 따른 행보를 할 수 있었습니다. 우리 또한 믿음 안에서 흔들리지 않는 평안과 담대함을 가져야 합니다.

셋째, 포기하지 않는 믿음을 가지라

엘리사를 만난 다음에 보여준 여인의 행동을 보면 그녀가 포기하지 않는 믿음의 소유자임을 알 수 있습니다. 수넴 여인이 급히 달려갔을 때 이를 앞서서 보고 있던 엘리사가 사환 게하시를 내보내면서 여인과 남편의 안부, 그리고 아이의 안부를 먼저 물었습니다. 그러나 여인은 그 말에 대답할 여력이 없었습니다. 그저 급히 하나님의 사람을 빨리 만나고 싶은 생각밖에 없었습니다. 그리고 엘리사 앞에 오자마자 엘리사의 발을 붙잡았습니다. 가슴이 미어지는 아픔과 안타까움 때문에 바지가랑이에 매달릴 수밖에 없었습니다. 여인의 갑작스러운 행동 때문에 게하시가 놀라서 여인을 떼어놓으려고 합니다.

그런데 이때 주목할 것은, 여인의 이런 행동을 말리려는 게하시를 엘리사가 제지하고 한 말입니다. "가만 두라 그 중심에 괴로움이 있다." 그런데 엘리사가 이번에는 여인의 그 괴로움이 무엇인지 하나님이 알려주지 않아서 모르겠다고 합니다.

엘리사의 그런 반응에 지금까지 침착하던 수넴 여인이 원망의 말을 합니다. "내가 언제 아들을 달라고 했습니까? 아들을 준다는 말로 나를 속이지 말라고 하지 않았습니까?" 다른 말로 표현하면, "달라고 하지도 않았는데, 주었다가 빼앗아가는 일은 무엇입니까? 왜 주어서 정들게 하고 그 귀한 아들이 죽는 고통을 맛보게 합니까?"라는 항변입니다. 여인의 이런 태도에 아마 엘리사도 적잖이 당황했을 것입니다. 그러나 여인의 급한 마음에도 불구하고 엘리사는 사환 게하시를 보내서 일을 해결하려고 하였습니다.

"엘리사가 게하시에게 이르되 네 허리를 묶고 내 지팡이를 손에 들고 가라 사람을 만나거든 인사하지 말며 사람이 네게 인사할지라도 대답하지 말고 내 지팡이를 그 아이 얼굴에 놓으라"(왕하 4:29). 급히 가라는 뜻입니다. 다른 데 조금도 신경 쓰거나 한눈팔지 말고 오직 이 일을 위해서 달려가라는 뜻입니다. 아마 엘리사의 능력이면, 게하시를 보내서 지금 명령한 대로만 해도 아이가 살아났을지 모릅니다. 하지만 여인은 수긍하지 않고 엘리사가 직접 가 줄 것을 요청했습니다. "여호와의 사심과 당신의 혼의 사심을 가리켜 맹세하노니 내가 당신을 떠나지 아니하리이다 엘리사가 이에 일어나 여인을 좇아가니라"(왕하 4:30).

엘리사가 같이 가지 않으면 자기는 움직이지 않겠다는 얘기입니다. 꼭 같이 가야 한다는 강권입니다. 결국 여인의 포기하지 않는 믿음과 단호함이 엘리사를 움직이게 만들었습니다. 앞서 말했듯 엘리사는 게하시를 통해서도 얼마든지 일할 수 있었습니다. 그러나 이 여인은 하나님의 사람, 영적 지도자를 존경하고 행동으로도 신뢰하는 사람이었습니다. 하나님과 영적 지도자에 대한 전적인 신뢰의 모습을 보여준 것입니다. 이러한 여인의 모습이 이 시대에도 필요합니다. 하나님과 하나님의 사람에 대한 전적인 신뢰 가운데 기적이 일어나는 것입니다.

엘리사가 명령한 것을 듣고 먼저 떠난 게하시는 황급히 달려가 엘리사의 지팡이를 아이의 얼굴에 놓았지만 아이가 깨어나지 않았습니다. 왜 능력이 나타나지 않았을까? 유대교 랍비들의 전통적인 해석은 게하시가 엘리사의 명령대로 아무에게도 인사하지 말고 가야 했는데, 야심과 허영심이 강한 게하시가 길에서 만난 사람들에게 자기가 위임받은 하나님의 일을 자랑하면서 갔기 때문이라고 합니다.

또 다른 주석가들의 해석은 엘리사가 수넴 여인과 함께 가기로 작정한 순간에 게하시가 받은 위임은 무효가 되었기 때문이라고 합니다. 또 이런 해석도 있습니다. 게하시는 엘리사가 준 지팡이에 어떤 마술적 힘이 있을 것이라 믿고, 그 능력을 속히 나타내기 위해 달려갔는데, 지팡이의 마술적 힘이 중요한 게 아니고 믿음을 가지고 가는 일이 더 중요했기 때문이라는 것입니다. 게하시는 그것을 놓쳤기 때문이라고 보기도 합니다.

그러나 어떤 해석이 되었든 게하시는 아이를 살리지 못했고 엘리사가 도착해서야 아이를 살렸습니다. 말씀에는 "아이의 살이 차차 따뜻하더라"(왕하 4:34)라고 나와 있습니다.

살아가면서 어떤 태도를 가지느냐 하는 것은 매우 중요합니다. 적어도 하나님을 신뢰하는 사람이라면 그것을 행동으로 옮기는 태도를 가져야 합니다. 눈앞이 캄캄해지는 문제를 만났을 때, 침착하게 당당하게 대처할 수 있는 여러분 되시기를 바랍니다.

|다|짐|기|도|

수넴 여인의 신실한 태도를 통하여
하나님과 영적 지도자에 대한 신뢰가 중요함을 깨닫습니다.
그리고 생명을 살리는 기적이
하나님의 사랑을 나타내는 일이라는 것도 알았습니다.
이제는 확고한 믿음, 행동하는 믿음,
흔들리지 않는 믿음을 갖게 되기를 소원합니다.
하나님을 믿고 하나님의 사람을 믿음으로,
생명을 살리는 기적이 일어나도록 역사해주옵소서.

그 날에 여호와께서 말씀하신 이 산지를 지금 내게 주소서
당신도 그 날에 들으셨거니와 그곳에는 아낙 사람이 있고
그 성읍들은 크고 견고할지라도 여호와께서 나와 함께하시면
내가 여호와께서 말씀하신 대로 그들을 쫓아내리이다 하니
여호수아가 여분네의 아들 갈렙을 위하여 축복하고
헤브론을 그에게 주어 기업을 삼게 하매
수 14:12~13

CHAPTER

13

하나님의 약속을 굳게 붙들라

청교도 목회자였던 토머스 왓슨은 1662년 8월 17일, 다음과 같은 설교를 했습니다. "물고기가 물속에 살듯이 믿음은 하나님의 약속 안에서 사는 것입니다. 하나님의 약속은 우리에게 위안을 주고 생기가 넘치게 합니다. 하나님의 약속이야말로 복음의 젖입니다. 아이가 어머니의 젖을 먹고 성장하듯, 믿음 또한 하나님의 '약속의 젖'을 힘차게 빨아야 자라나고 강해질 수 있습니다. 하나님의 약속은 팽팽하게 부푼 튜브와 같아서, 우리가 아무리 거센 고통의 바다에 빠져 있어도 그것만 잡으면 절대로 가라앉지 않습니다. 우리 모두 하나님의 약속을 사용합시다. 어떤 형편과 상황에 있을지라도 우리는 하나님의 약속을 받은 것입니다."

하나님은 약속하신 것을 능히 이루시는 분입니다. 이를 확신하는 것이 바로 믿음입니다. 믿음을 가진 사람은 오직 하나님의 약속만을 바라봅니다. 인생의 역경을 비웃으며 이렇게 외칩니다. "말씀대로 되리라!" 말씀대로 되리라는 믿음을 가지고 살면 세상 어느 것도 두려울 것이 없습니다. 성경에는 이러한 믿음의 대명사인 갈렙이란 사람이 나옵니다.

갈렙은 지금 45년 전 일을 기억하고 있습니다. '가데스바네아'에서 모세는 열두 명의 정탐꾼을 가나안 땅에 보내어 그 땅을 정탐하도록 했습니다. 40일간의 정탐 활동을 마치고 돌아온 젊은이들은 이스라엘 온 회중에게 보고합니다. "정말, 그 땅은 젖과 꿀이 흐르는 땅이었습니다. 하나님께서 말씀하신 대로 축복의 땅입니다. 그러나 그 땅의 성은 견고하고 그 땅 거민은 얼마나 장대한지 그들 앞에서 우리는 메뚜기 같았습니다. 우리가 그 땅을 정복하기는 역부족입니다." 이 보고를 들은 이스라엘의 모든 회중은 원망하기 시작했습니다. "우리에게 애굽에 묻힐 땅이 없어서 여기까지 데려와서 죽이려고 했던가?" 이제 일주일이면 들어갈 수 있는 축복의 땅을 앞에 두고 그들은 울면서 절망하였습니다.

이때 함께 정탐에 참여했던 믿음의 사람, 갈렙이 나서서 백성들을 진정시킵니다. "아닙니다. 여호와께서 우리와 함께하시면 우리는 반드시 그들을 이길 수 있습니다. 여호와께서 함께하시면 그들은 우리의 밥입니다. 반드시 이길 수 있습니다. 놀라거나 두려워하지 맙시다. 여호와께서 주신 땅을 믿음으로 취합시다"라고 말했습니다. 그러나 이미 마음이 완악해진 이스라엘 백성들은 갈렙의 말을 듣지 않고 일어나서 원망하고 불평하다가 40년간 다시 광야로 내몰렸고 결국 메뚜기처럼 흩어져 죽고 말았습니다. 그러나 45년이 지난 후 믿음의 사람 갈렙은 가나안 땅 분배의 첫 번째 수혜자로 서 있는 것입니다.

가나안 땅 분배를 시작하려는 때, 갈렙과 유다 지파의 자손들이 여호수아를 찾아왔습니다. 그리고는 자신에게 헤브론 산지를 기업으로 달라고 요청하였습니다. 그것은 바로 45년 전 하나님께서 갈렙에게 주신 기업이기 때문입니다. 갈렙은 믿음의 사람이었습니다. 뿐만 아니라 삶으로 하나님의 약속을 성취한 사람입니다. 우리는 갈렙의 믿음을 통해서 큰 도전을 받아 새로운 희망과 열정을 회복함으로 하나님의 약속을 성취하는 거룩한 백성이 되어야 합니다. 그렇다면 갈렙의 믿음은 우리에게 어떤 도전을 줄까요?

첫째, 진취적인 믿음의 사람이 되라

여호수아 14장 10절 뒷부분부터 12절까지의 말씀입니다.

> 오늘 내가 팔십오 세로되 모세가 나를 보내던 날과 같이 오늘도 내가 여전히 강건하니 내 힘이 그때나 지금이나 같아서 싸움에나 출입에 감당할 수 있으니 그날에 여호와께서 말씀하신 이 산지를 내게 주소서 당신도 그날에 들으셨거니와 그곳에는 아낙 자손이 있고 그 성읍들은 크고 견고할지라도 여호와께서 나와 함께하시면 내가 여호와의 말씀하신 대로 그들을 쫓아내리이다 하니.

갈렙은 지칠 줄 모르는 적극적이고 진취적인 믿음을 가지고 있었습니다. 그는 85살이라고 나와 있습니다. 그 나이쯤이면 원로의 위치에서 후손들에게 섬김을 받으며 안주해도 되는 나이입니다. 사람들은 나이가 들면 들수록 쉬운 것을 좋아합니다. 점점 안일해지고 육신을 편안하게 두고 싶어 합니다.

그런데 갈렙은 유다 지파 중에서 제일 앞장서서 "헤브론 산지를 내게 주십시오"라고 말합니다. 어떻게 보면 갈렙의 요구는 늙은이가 주책을 부린다고 오해받을 만큼 강력한 것이었습니다. 그런데 11절과 12절을 읽어보면 갈렙의 요구가 우리가 생각하는 그런 것이 아니라는 것을 알 수 있습니다. "여호와께서 나와 함께하시면, 여호와께서 나를 기뻐하시면 그것이 반드시 이루어질 줄 믿습니다"라는 열정적인 믿음을 고백했던 것입니다.

비록 많은 세월이 지났지만 갈렙의 열정은 하나도 식지 않았습니다. 불평에 찬 이스라엘 백성 앞에서 '하나님께서 함께하시면 반드시 가나안 땅을 정복할 수 있다'고 항변하던 40살 때의 그 믿음이 85살까지 변함없었다는 것입니다. 아무리 신앙생활 전성기의 믿음이 좋다고 해도 그것이 견고하지 않으면 언제든지 무너지고 실족하고 낙담하고 포기합니다. 믿음을 쌓기는 어려운 반면 넘어지는 것은 일순간입니다. 그러므로 믿음을 쌓는 것도 중요하지만 지키는 것은 더욱 중요합니다. 견고한 믿음은 고난 속에서 만들어집니다. 견고한 믿음은 믿음을 적용하고 실천하는 과정에서 쌓이는 연륜이며 경험입니다. 경험 있는 믿음은 우리를 튼튼하게 합니다. 하나님의 사람들은 자기 자신을 다 쏟아버릴 정도의 열정을 주님께 드릴 수 있어야 합니다. 바로 이러한 사람들을 통해서 하나님은 그분의 거룩한 역사를 진행하시는 것입니다.

케임브리지 대학을 졸업한 '스투드'라는 영국의 백작이 중국의 내지 선교사로 한동안 헌신했습니다. 고향에 돌아와서 자기 가문의 일을 보는데 "스투드, 내가 너를 통해 아직도 할 일이 있다"라는 하나님의 음성을 듣게 되었습니다. 그리고 계속해서 아프리카에 복음을 전해야 한다는 마음이 들었습니다. 그래서 그는 아프리카 내지 선교회를 만들고 아프리카에서 선교할 헌신자를 모집하러 이곳저곳 돌아다녔습니다. 그러던 어느 날 하나님께서 "스투드, 네가 가면 안 되겠니?"라고 물으셨습니다. 스투드는 "주님, 선교라면 제가 젊은 날에 한 차례 다녀오지 않았습니까?" 하고 대답했습니다. 그랬더니 주님이 "그래서?"라고 하십니다. "아니, 제 나이가 벌써 54살 아닙니까?" 그러니까 주님이 또 "그래서?"라고 말씀하시는 것입니다. 그제서야 스투드는 "알았습니다. 제가 가겠습니다"라고 순종하여 54살에 아프리카 선교사로 떠나게 되었습니다. 마음을 굳힌 그에게 친구들이 "스투드, 그것은 너무 큰 희생 아닌가?"라며 만류하자, 스투드는 단호하게 말했습니다. "큰 희생이라니? 예수 그리스도께서 나의 죄를 위하여 십자가에 죽으신 것이 사실이라면 내게 큰 희생이라는 것은 없네."

하나님의 사람은 주님을 위해 자기 열정을 쏟는 것을 낭비라고 생각하지 않습니다. 아무리 많은 것을 쏟아부어도 하나도 땅에 떨어지지 않으며, 결코 잃는 것이 아니기 때문입니다. 그것은 모두 하나님께 드려지는 것이며, 그분께서 기억하실 것입니다.

> 전제와 같이 내가 벌써 부어지고 나의 떠날 시각이 가까웠도다 나는 선한 싸움을 싸우고 나의 달려갈 길을 마치고 믿음을 지켰으니 이제 후로는 나를 위하여 의의 면류관이 예비되었으므로 주 곧 의로우신 재판장이 그날에 내게 주실 것이며 내게만 아니라 주의 나타나심을 사모하는 모든 자에게도니라(딤후 4:6~8).

사도 바울은 그의 마지막 편지에서, 끝까지 주님을 향한 믿음을 지키고 죽도록 충성한 자신을 하나님께서 잊지 않을 것이라고 고백했습니다. 45년 전 가데스바네아에서 열정적인 믿음으로 하나님께 헌신했던 갈렙은 45년이 지나 85살이 되어서도 한결같은 믿음으로 하나님 앞에 서 있습니다. 그리고 진취적이고 열정적인 그의 믿음에 하나님께서는 가나안의 핵심인 헤브론을 기업으로 누리도록 축복하셨습니다.

여러분은 지금 하나님의 일을 하고 있습니까? 여러분이 열정적인 믿음으로 하나님의 일에 헌신하고 충성한다면 반드시 하나님께서 기억하시고 축복하실 것입니다. 믿음은 나이와 상관 없습니다. 학력과도 비례하지 않습니다. 하나님이 부르시는 그날까지 주님을 향한 믿음을 붙잡고 하나님의 약속을 성취하십시오.

둘째, 환경을 두려워하지 마라

갈렙은 젊은 시절(40살 때) 가나안을 정탐하고, 가장 앞장서서 가나안 정복의 가능성과 타당성을 확신 있게 주장했던 사람입니다. 이미 가나안 땅에는 자신들만의 고유의 문화를 형성한 강대 부족이 견고한 성읍과 군사력으로 무장하고 풍성한 농경사회를 이루고 살고 있었습니다. 이스라엘 백성들은 애굽에서부터 흘러들어온 노예 민족에 불과했습니다. 어찌 보면 여호수아와 갈렙을 제외한 열 명 정탐꾼들의 주장이 타당하다고 말할 수 있습니다. 그러나 갈렙이나 여호수아에게는 강력한 가나안의 환경보다 크신 하나님을 신뢰하는 믿음이 있었습니다.

"이 산지를 내게 주소서"라는 유명한 구절이 있지 않습니까? 이것은 요즘 젊은이들 사이에 유행처럼 번지고 있는 말씀입니다. 이 말의 뜻은 무엇입니까? 그 이후의 말씀을 보면 '이 산지'는 헤브론 산지를 말하는 것입니다. 그곳의 성들은 견고하고, 그곳의 주민은 아낙 자손들로 기골이 장대한 사람들이었습니다. 그런데 갈렙은 이 사실을 언제부터 알고 있었을까요? 45년 전부터 이미 알고 있었습니다. 모르는 사람들이라면 그 땅을 요구하는 것이 그럴 수 있다 할지라도 그 땅이 어떤 땅인지 뻔히 아는 갈렙이 그 땅을 달라고 요구하는 것은 대단한 용기가 아닐 수 없습니다.

주님의 거룩한 일을 하기를 원하는 사람들은 환경을 초월할 수 있어야 합니다. 하나님은 환경보다 분명히 크신 분이며 모든 환경을 초월하는 능력이 있으신 분임을 믿고 나가는 자에게 거룩한 결실이 임하는 것입니다. 사도 바울은 빌립보서 4장 11절 이하에서

"어떠한 형편에든지 내가 자족하기를 배웠노니 나는 비천에 처할 줄로 알고 풍부에 처할 줄도 알아 모든 일 곧 배부름과 배고픔과 풍부와 궁핍에도 처할 줄 아는 일체의 비결을 배웠노라 내게 능력주시는 자 안에서 내가 모든 것을 할 수 있느니라"라고 고백하고 있습니다. 만약에 군인이 되겠다고 결심한 사람이 전쟁터의 날씨와 음식, 목욕 시설 등의 환경을 걱정하고 있다면 어떻게 진정한 군인이 될 수 있겠으며 그를 믿고 어떻게 백성들이 맘 편히 잘 수 있겠습니까? 이것은 마치 뱃속에 있는 아이가 "세상에 나가면 눈부셔서 어떻게 하지?"라고 염려하는 것과 똑같은 것입니다.

로버트 슐러 목사님의 처남 프랑크 벤더 마틴은 아이오와 주 수 카운터에서 제일가는 바이올리니스트였습니다. 그런데 18살 때, 아버지가 경영하는 대장간에서 놀다가 그만 큰 사고를 당했습니다. 빨갛게 달아오른 쇠가 그의 왼손에 떨어지면서 바이올린을 집던 손가락이 잘리고 말았습니다. 결국 그의 왼손에는 엄지손가락만 남게 되었습니다. 하지만 그는 절망하지 않고 나머지 손가락만을 이용해 연습에 연습을 거듭했습니다. 결국 그는 아이오와 주 수 카운터 교향악단의 뛰어난 바이올리니스트가 되었습니다. 그는 "내가 불구자라고 생각하지 않는 한 결코 나는 불구자가 아니다.

어떠한 환경이라도 그리스도 안에 있는 나의 의지를 결코 굴복시킬 수 없다"라고 말했습니다.

불꽃 같은 인생을 살았던 사람들의 공통점은 환경을 두려워하지 않았다는 것입니다. 환경에 지배받기보다는 환경을 뛰어넘는 과감한 도전을 했습니다. 반대로 인생 패배자들은 한결같이 환경이 나쁘다는 핑계를 댔습니다. 알코올중독자를 아버지로 둔 두 아들이 있었습니다. 두 아들 중 형은 올바르게 자라나 사회에서 인정받는 사람이 되었으나, 동생은 아버지와 같이 알코올중독자가 되고 말았습니다. 한 심리학자가 두 형제에게 "당신은 어떻게 이런 사람이 되었습니까?"라고 물었더니 두 사람 모두 "아버지 때문입니다"라고 대답을 했습니다. 형은 아버지보다 더 나은 인생을 살겠노라고 환경을 박차고 일어섰지만 동생은 그런 아버지에게서 태어난 것을 탓하며 환경을 비관하다가 아버지를 닮고 만 것입니다.

"여우 피하려다 호랑이 만난다"는 옛말이 있습니다. 어렵고 힘든 환경에 맞서서 싸우지 않고 얕은 꾀로 피하려 하다가 오히려 더욱 힘들고 어려운 상황을 만날 수도 있다는 것입니다. 갈렙이 정복해야 할 헤브론은 분명 좋은 땅이지만 그 땅을 차지하기 위해서는 많은 어려운 환경과 맞서 싸워 이겨야 하는 힘든 일이었습니다. 그러나 갈렙은 그 모든 환경을 두려워하지 않고 맞서겠다는 용기로 일어섰습니다. 그랬기에 하나님의 약속을 성취할 수 있었던 것입니다.

많은 사람이 꿈을 꾸고 인생의 목표를 세웁니다. 그러나 그들이 다 꿈을 이루지는 못합니다. 그 이유는 간단합니다. 환경을 두려워하고, 도전하는 것을 기피하기 때문입니다. 대가를 치르지 않고 성공할 수는 없습니다. 꿈을 이룰 수도 없습니다. 환경을 뛰어넘기 위해 과감하게 결단하고 용기 있게 도전할 때, 꿈과 목표를 성취하는 자가 될 수 있는 것입니다.

여러분은 혹시 환경을 탓하고 있지는 않습니까? 그러나 환경은 우리의 성공과 실패를 지배할 수 없습니다. 환경보다 크신 하나님을 바라볼 때 크고 놀라운 축복을 누리게 됨을 믿으십시오.

셋째, 인생의 목표를 분명히 하라

갈렙은 40세에 하나님께서 주신 약속을 인생의 목표로 정했습니다. 민수기 14장 24절을 보면 "그러나 내 종 갈렙은 그 마음이 그들과 달라서 나를 온전히 따랐은즉 그의 갔던 땅으로 내가 그를 인도하여 들이리니 그의 자손이 그 땅을 차지하리라"라고 나와 있습니다. 하나님은 가나안 정탐 사건 이후 부정적인 보고를 했던 사람들을 그곳에서 심판하시고 그들의 말만 믿고 원망과 불평을 일삼았던 백성들을 40년간 광야로 내몰아 유리방황하게 하셨습니다.

반면 온전히 하나님을 따른 갈렙에게 가나안의 축복을 누리게 하리라는 약속을 주신 것입니다. "그날에 모세가 맹세하여 가로되 네가 나의 하나님 여호와를 온전히 좇았은즉, 네 발로 밟는 땅은 영영히 너와 네 자손의 기업이 되리라 하였나이다"(수 14:9). 갈렙은 이후 45년간 그 약속을 잊지 않았으며, 그것이 자신이 살고 있는 이유라고 생각하고 있습니다.

사람이 낙심한다는 것은 곧 마음을 잃어버린다는 뜻입니다. 마음을 지킨다는 것은 곧 꿈을 잃지 않는 것입니다. 기대감과 희망이 있어야 건강하고 힘 있게 살아갈 수 있습니다. 대부분의 사람은 나이를 먹으면서 쉽게 낙심하고 좌절합니다. 요즘은 남성들에게도 갱년기가 있다고 합니다. 여성이 더 이상 아이를 가질 수 없는 나이가 되면서부터 삶의 의욕이 상실되고 쉽게 피곤해지고 뼈가 약해지고 점점 무기력증을 호소하는 증상을 갱년기라고 하는데, 요즘은 남성들에게도 이런 장애들이 나타난다고 합니다. 그래서 호르몬 요법으로 활력을 주는 치료를 한다고 합니다.

우리 그리스도인들에게는 호르몬 주사보다 더 큰 활력을 주시는 분이 계십니다. 바로 성령님이십니다. 성령이 임하시면 자녀들이 예언을 합니다. 젊은이들은 환상을 봅니다. 나이 많은 어른들은 꿈을 꿉니다. 성령이 임하시면 권능을 받아 젊은이와 같이 활력 있는 삶에 도전할 수 있는 것입니다. 왜 그렇습니까? 성령은 인생의 목표를 새롭게 보여주시기 때문입니다. 하나님의 성령께서 보여주시는 분명한 인생의 목표가 있는 사람은 반드시 승리하게 됩니다. 이것은 반드시 나이가 젊어야만 이루어지는 것이 아닙니다.

한 치과 의사가 있었습니다. 그분은 50살이 되어서야 하나님의 음성을 듣고 진정한 인생의 목표를 발견했습니다. 10년 동안 정성 들여 가꾼 산과 별장과 자녀 교육에 대한 꿈도 포기한 채 연변에 있는 조선족을 향한 하나님의 소원에 인생을 걸었습니다. 주위에서는 꼭 그렇게 예수를 믿어야 하느냐고 질문합니다. 그러나 그는 하나님께서 주신 생각을 돌이키지는 못했습니다. "오십 평생 나를 위해서 이 만큼 살아왔으니 후회가 없습니다. 주님의 뜻대로 남은 생애를 바치게 되어 얼마나 기쁘고 행복한지 모릅니다." 그분은 이렇게 말하고 가족들과 함께 고국을 떠나 조용히 순종하는 삶을 시작하셨습니다.

여러분은 무엇을 위해 돈을 벌고, 무엇을 위해 자녀를 가르치고, 무엇을 위해 저축하고 계십니까? 하나님 안에서 인생의 목표를 분명히 하십시오. 성령께서 주시는 꿈과 환상과 비전으로 인생의 목표를 분명히 세울 때, 앞날의 인생이 행복하게 될 줄로 믿습니다.

| 다 | 짐 | 기 | 도 |

갈렙은 그의 나이 40살에 하나님이 주신 꿈을 품었습니다.
그리고 85살이 되어서야 그 꿈을 이룰 수 있었습니다.
인생의 분명한 목표가 있었기에
긴 광야의 여정을 지날 수 있었겠지요?
갈렙과 같이 하나님이 주신 꿈과 비전을 품기를 원합니다.
생각했던 것보다 시간이 걸리더라도
변함없이 하나님의 약속을 신뢰하도록 도와주옵소서.

아버지여 때가 이르렀사오니 아들을 영화롭게 하사
아들로 아버지를 영화롭게 하게 하옵소서
아버지께서 아들에게 주신 모든 사람에게 영생을 주게 하시려고
만민을 다스리는 권세를 아들에게 주셨음이로소이다
영생은 곧 유일하신 참 하나님과 그가 보내신 자 예수 그리스도를 아는 것이니이다
아버지께서 내게 하라고 주신 일을 내가 이루어
아버지를 이 세상에서 영화롭게 하였사오니
요 17:1~4

CHAPTER 14

후회 없는 인생을 설계하라

어떤 중년의 가정주부가 자신의 인생을 회고한 짤막한 메시지가 인터넷을 떠돌며 파장을 일으키고 있습니다. "여자로 태어나 남자를 알았다고 아내라고 합니다. 집안일을 한다고 주부라고 합니다. 아이를 낳았다고 아주머니라고 합니다. 이제는 내가 누구인지 주제 파악이 안 됩니다. 조용한 시간에는 의자에 앉아 나를 생각합니다. 내 인생은 도대체 무엇인가요. 단 하나뿐인 내 인생 도대체 누가 책임져주나요." 고개를 끄덕이게 하는 말입니다. 도대체 우리의 인생은 누가 책임져줍니까? 내 인생은 과연 누가 보상해줍니까?

이탈리아 밀라노의 대성당에는 문이 3중으로 되어 있습니다. 아치로 되어 있는 첫 번째 문에는 "모든 즐거움은 잠깐이다"라고 새겨져 있고, 두번 째 문에는 "모든 고통도 잠깐이다"라고 새겨져 있으며, 세번 째 문에는 "오직 중요한 것은 영원한 것이다"라고 새겨져 있습니다. 인생의 모든 즐거움과 고통은 잠깐입니다. 전광석화電光石火와 같이 금방 지나갑니다. 인간은 영생하는 존재이기 때문에 죽음의 문제를 해결하고 영생을 얻기 전에는 진정한 평안과 행복을 얻을 수 없습니다. 인간은 하나님의 형상대로 지음받은 영적인 존재입니다. 그래서 영원한 것을 통해서만이 참된 인생의 의미와 기쁨을 누릴 수 있습니다.

단적으로 말해서 우리 인생은 일회적입니다. 그런데 한 번뿐인 인생의 경주에서 후회 없이 자신의 코스를 완주하는 사람은 그리 많지 않습니다. 심지어 그리스도인들도 삶의 고비에서 무심코 내뱉은 어리석은 말과 현명하지 못한 행동으로 인해서 후회하기도 하고, 이로 인한 실수와 실패 때문에 마음 아파하기도 합니다. 그렇다면 과연 이 세상에 한 점의 후회도 없이 인생의 경주를 마친 사람이 있을까요? 아마 여러분은 없다고 대답하실 것입니다. 그런 사람이 있다면 여러분도 그의 발자취를 따라 살지 않겠습니까?

그런 사람은 인류 역사에 오직 한 분, 바로 예수 그리스도이십니다. 요한복음 17장 4절에서 예수님은 "아버지께서 내게 하라고 주신 일을 제가 이루어 아버지를 이 세상에서 영화롭게 하였다"고 말씀하신 후에, 십자가에 달리시고 "다 이루었다"는 말씀을 남겼습니다. 이 말씀은 실로 후회 없는 예수님의 인생을 잘 묘사하고 있습니다. 참으로 숭고하고 아름다운 예수님의 완벽한 생애를 말해주고 있습니다.

예수 그리스도의 제자로서 단 하나뿐인 인생을 후회하지 않으려면 어떻게 살아가야 할까요?

첫째, 인생의 시간 관리를 잘하라

요한복음 17장 1절에 "예수께서 이 말씀을 하시고 눈을 들어 하늘을 우러러 이르시되 아버지의 때가 이르렀사오니"라는 말씀이 있습니다. 여기서 "때"는 구원의 역사가 완성되는 때를 말합니다. 예수님은 전 생애를 통해 그 때를 바라보고 의식하면서 한 걸음 한 걸음 다가가셨습니다.

특히 〈요한복음〉에 나타난 예수님의 생애를 살펴보면 "때"에 대한 주님의 인식이 아주 확실하고 분명했다는 것을 알 수 있습니다. 갈릴리 가나의 혼인 잔치에서 예수님은 "내 때가 아직 이르지 아니하였나이다"(요 2:4)라고 말씀하시고 "인자의 영광을 얻을 때가 왔도다"(요 12:23)라고 선포하셨습니다. 그리고 "유월절 전에 예수께서 자기가 세상을 떠나 아버지께로 돌아가실 때가 이른 줄 아시고 세상에 있는 자기 사람들을 사랑하시되 끝까지 사랑하시니라"(요 13:1)고 말씀하셨습니다. 드디어 17장에서 십자가를 지시기 직전에 예수님께서 "아버지여 때가 이르렀사오니"(요 17:1)라고 하셨습니다.

여러분도 후회 없는 삶을 살고 싶습니까? 그렇다면 예수님처럼 "때"를 분별할 줄 알아야 합니다. 만일 때와 장소를 올바로 분별 못하고 경솔하게 행동하면 곧 후회하게 됩니다. 반면 참을 때 참고 기다려야 할 때 기다리고 적절한 때에 적당한 행동을 하면 후회가 따르지 않을 것입니다. 그리고 자기의 때와 분수를 알면 다른 사람도 그를 인정해줍니다. 칭찬과 영광을 받을 때가 반드시 옵니다. 좀 짧은 인생을 살아도 후회 없이 사는 것이 더 유익하리라고 생각합니다. 예수님의 생애는 매우 짧았지만 유감없이 아름답게 완성되었습니다. 무조건 오래만 사는 것은 의미가 없습니다. 살아 있는 동안 제대로 사는 것이 더 중요합니다.

우리가 긴급한 일과 중요한 일의 차이를 헤아릴 줄 알아야 합니다. 별로 중요하지 않은 일 때문에 바쁘게 살다가 시간을 낭비해버리는 경우가 얼마나 많습니까? 인생을 제대로 살려면 중요한 일을 중요하게 취급해야 합니다. 그러기 위해서 중요하지 않은 일은 과감하게 거절할 수 있는 용기가 필요합니다.

교회 역사에서 존 웨슬리는 정말 놀라운 생애를 산 사람입니다. 그는 일 년에 40만 2천km을 여행하면서 40년간 4천 번 이상 설교를 했습니다. 200권 이상의 저서를 남겼고 10개 국어를 구사했으며 83살이 되어서도 매일 15시간씩 글을 썼습니다. 86살이 되자 그는 하루에 두 번 정도밖에 설교할 수 없음을 두고 부끄러워하기까지 했습니다. 어떻게 이런 엄청난 일을 이룰 수 있었을까요? 그 비결은 철저한 시간 관리에 있었습니다. 그는 기도하면서 하루하루를 철저하게 계획하고 그대로 살았던 것입니다.

이 시대 성공만을 위해 살아가는 사람들에게 큰 충격과 감동을 주는 책이 한 권 있습니다. 바로 밥 버포드Bob Buford가 쓴《하프타

임의 고수들》입니다. "인생을 운동경기로 보았을 때 전반전을 이미 치루고 후반전을 남겨두고 있는 사람들은 어떻게 살 것인가?"라는 물음에 관한 핵심적 내용을 담은 책입니다. 저자는 인생의 후반전을 35살부터로 보며, 인생의 계획과 목표를 '성공'에서 '중요하고 가치 있는 일'로 전환하도록 조언하고 있습니다. 저자는 세상에서 성공하겠다, 부자가 되겠다 하는 것이 세상 떠나는 날 무슨 의미가 있겠느냐고 역설합니다. 성공하는 삶보다는 가치 있게 사는 삶이 더 바람직하다는 것입니다.

인생을 성공적으로 마무리하기 원하십니까? 정말 편하게 눈 감고 싶으시면 어떤 의미 있고 중요한 일을 할 것인지 고민하시기 바랍니다. 이제부터 정말 중요한 것은 인생을 얼마만큼 의미 있게 사느냐 하는 것입니다. 하나님의 '때'를 인식한다는 것은 죽음의 때를 인식하는 것이 아니라, 지금 이 순간 '내가 무엇을 해야 할 때인가'를 인식하는 것입니다. 하나님 안에서 철저한 시간 관리를 통해 남은 인생을 아름답게 만들어가시기를 바랍니다.

둘째, 자신의 사명을 올바로 인식하라

요한복음 17장 2절을 보면 "아버지께서 아들에게 주신 모든 사람에게 영생을 주게 하시려고 만민을 다스리는 권세를 아들에게 주셨음이로소이다"라고 나와 있습니다. 여기에서 우리는 예수님의 사명을 찾아볼 수 있습니다. 하나님께서 예수님에게 위임하신 사명은 인간을 구원하는 일, 즉 우리에게 영생을 주는 일이었습니다. 그러므로 예수 그리스도의 제자인 우리에게 주어진 사명 중에서 가장 중요한 것은 사람들에게 영생을 얻게 하는 일입니다. 이 일에 동참하는 사람의 인생에는 후회가 없습니다. 자신의 사명을 바로 알고 그 사명에 충실한 사람만이 단 한 번뿐인 인생을 후회 없이 살 수 있습니다.

어떤 결혼식장에서 일어난 일입니다. 신부 입장을 위한 행진곡이 울리기 시작하는데 기다리던 신랑이 갑자기 밖으로 달아났습니다. 식장은 소란해졌고 주례하던 목사님은 당황하여 어찌할 바를 몰랐습니다. 축하객들도 혼란스러워했습니다. 몇몇은 뿔뿔이 흩어져버렸고 신부는 울음을 터뜨렸습니다. 약 30분이 지난 후 신랑이 헐떡거리며 되돌아왔습니다. 그의 예복은 검댕과 물기로 젖어 있었습니다. "목사님 죄송합니다. 주례를 진행해주십시오." "아니, 신랑은 어딜 갔다 오는 길인가?" 의아해하며 목사님이 물었습니다. "저는 소방관입니다. 신부 입장과 동시에 화재 사이렌이 들렸는데 가만히 있을 수가 없었습니다. 이제 다 진화가 되었습니다" 하는 것입니다. 축하객들은 모두 박수를 보냈고 칭찬해마지 않았습니다.

조금은 황당한 이야기지만 이 소방관은 사명과 삶의 우선순위가 무엇인지 확실하게 아는 사람인 듯합니다. 자신의 사명이 무엇인지 정확하게 아는 것은 매우 중요합니다. 우리의 마음속에 하나님께 받은 이 소방관만큼만 확실하게 갖춰져 있다면 어떨까요? 아마도 하나님 나라가 더 쉽게 전파될 것입니다.

여러분은 인생이 짧다고 생각하십니까? 그것은 사실입니다. 왜 하나님께서는 인생을 짧게 만드셨을까요? 전도서 기자는 "하나님이 사람들에게 영원을 사모하는 마음을 주셨다"(전 3:11)라고 말합니다. 인생이 짧기 때문에 사람들이 영원을 향한 마음을 갖게 된다는 것입니다. 그러므로 짧은 인생을 살면서 영생을 얻지 못하면 그 인생은 정말 허무한 인생이 되고 맙니다.

그렇다면 여기에서 말하는 영생이 무엇입니까? 영생은 생명이 무한히 계속되는 것만을 의미하지는 않습니다. 영원한 생명은 본

질적으로 하나님의 생명입니다. 하나님의 생명이기 때문에 영원합니다. 그리고 하나님의 생명은 예수 그리스도 안에서 주어진 생명입니다. 예수님 안에서 발견할 수 있는 생명, 거룩한 생명, 아름다운 생명, 충만한 생명, 의로운 생명입니다. 영생은 단순히 오래 사는 것만을 의미하는 것이 아니라 질적으로도 높은 수준의 생명을 말합니다.

그러면 '영생을 얻는다', '영생을 누린다'는 의미는 무엇일까요? 요한복음 17장 3절에 "영생은 곧 유일하신 참 하나님과 그가 보내신 자 예수 그리스도를 아는 것이니이다"라는 구절이 있습니다. 이것이 바로 예수님께서 정의하신 영생입니다.

쉽게 말하면 영생은 하나님을 알고 하나님이 보내신 예수님을 아는 것입니다. 여기서 안다는 것은 지적 인식뿐 아니라 체험적 인식까지 포함합니다. 곧 하나님과 하나님이 보내신 예수 그리스도를 경험하면서 사는 것입니다.

이제 후회 없는 인생을 사는 법을 알았습니다. 무엇보다 하나님이 누구시며 예수님이 어떤 분이신지를 깨닫고 날마다 주님을 의지하고 경험하면서 사시기 바랍니다. 주님의 은혜와 사랑과 능력 안에서 사는 것이 영원한 생명이요, 그것이 바로 영생입니다.

오늘날 많은 사람이 삶의 갈증을 느끼고 있습니다. 어떤 사람은 물욕 때문에, 어떤 사람은 정욕과 세상 욕심 때문에, 그리고 권력의 갈증을 느끼는 사람도 여전히 많습니다. 이런 현대인들에게 예수님은 영원히 목마르지 않는 생수를 주십니다. 한평생 후회 없이 살기를 원한다면 세상적으로 편안하게 사는 것만으로는 별 의미가 없습니다. 대신 하나님의 때, 곧 하나님이 허락하신 우리의 삶 동안 하나님이 기뻐하시는 일을 행함으로써 쓰임받는 감격을 누려야 합니다. 하나님께서 주신 사명을 인식하시고 그 사명을 성실히 수행함으로 삶의 보람과 기쁨을 누리십시오.

셋째, 하나님 우선순위의 삶을 살라

"아버지께서 내게 하라고 주신 일을 내가 이루어 아버지를 이 세상에서 영화롭게 하였사오니"(요 17:4)라는 말씀이 있습니다. 여기서 영화로움의 주체는 내가 아닌 하나님이 되어야 합니다. 우리 삶의 가장 우선순위가 바로 하나님이 되어야 한다는 것입니다. 하나님을 인생의 최우선으로 삼을 때 그 인생은 행복합니다.

오늘날 이 시대가 진통하는 이유는 어디에 있습니까? 세상은 물론 교회가 때때로 시련당하는 이유가 무엇입니까? 그것은 바로 하나님을 삶의 최우선으로 삼고 있지 않기 때문입니다. 하나님의 일을 이루기 원한다면 우리 삶의 우선순위를 바로 세워야 합니다. 사회에서나 교회에서 모든 우선순위가 하나님이 될 때 단 하나뿐인 내 인생은 의미가 있게 됩니다.

어떤 중국인과 미국인이 대화하는 중에 중국인이 물었습니다. "당신네 미국 사람은 아침에 일어나 제일 먼저 무엇을 합니까?" "우리는 수염 깎고 세수를 합니다." 그러자 중국인은 "그래요? 우리 중국 사람은 제일 먼저 옷을 입는데요" 하면서 서로 웃었다는 이야기가 있습니다. 사실 하루의 생활에도 무엇을 먼저 해야 하는가 하는 우선순위와 무엇을 택할까 하는 선택의 문제가 있습니다. 그 선택이 하루의 성패를 좌우합니다. 더 나아가 인간의 삶에 있어서 일생의 우선순위를 어디다 두느냐 하는 것과 어떤 선택을 하느냐는 실로 누구에게나 중대한 문제입니다. 세상적인 것이나 육적인 것보다 하나님의 일과 영적인 것을 우선해야 하고, 우리가 무엇을 선택할 때에도 어느 쪽이 주님을 더 기쁘시게 할까 또는 예수님이라면 어떻게 하셨을까를 먼저 생각해야 합니다. 그래야 올바르고 후회 없는 선택을 할 수 있을 것입니다.

사람들을 지배하고 사람들에게 대접받는 인생은 표면적이고 일시적인 기쁨이 있을 수 있습니다. 그러나 이웃들을 섬기고 그들을 주님 앞으로 이끌기 위해 바쳐지는 인생, 하나님과 이웃들을 위해 자신을 끊임없이 부인하는 하나님 우선순위의 삶, 거기에 진정한 기쁨과 영광이 있습니다.

존 랜돌프는 초창기 미국의 정치가로 역사상 가장 중요한 시기에 가장 큰 영향력을 발휘했습니다. 그러나 그는 하나님을 믿지 않았으며, 영원한 하나님 나라를 무시하고 살았습니다. 그렇게 살던 그가 세상을 떠나기 전 이렇게 부르짖었다고 합니다. "후회, 후회, 후회하노라. 나에게 하나님의 말씀을 보게 해달라. 성경 안에 있는 그 말씀을 보여달라. 아! 후회… 너희는 이 말의 의미를 모르리라. 나를 주 예수의 자비하심에 맡기노라." 하나님 중심으로, 하나님을 우선순위로 두고 사는 사람만이 결국 후회하지 않습니다.

영국의 시인이자 풍자가였던 찰스 처칠은 방탕한 생활을 하였고 그의 작품들도 전부 타락한 내용이었습니다. 1964년 그는 임종을 앞두고 최후 몇 시간 동안 자신의 잃어버린 삶과 재능의 타락을 후회하면서 죽어갔습니다. 그가 남긴 마지막 말은 "나는 참으로 바보였다"였습니다. 참으로 뼈아픈 후회입니다. 하루를 살고 후회하면 내일은 새 출발을 할 수 있고 일 년을 살고 후회하면 내년은 새롭게 살 수 있으나 일생을 다 살고 후회하면 지난 삶을 되돌릴 수 없습니다. 그러므로 지나간 일을 후회하기보다 미리 후회 없이 살아가기를 힘쓰는 것이 지혜로운 삶입니다.

|다|짐|기|도|

현재 어떤 삶을 살고 있든 결국에는
영광스럽고 아름다운 인생으로 완성되기를 소원합니다.
그러기 위해서는 하나님이 주신 때를 올바로 인식하고
시간을 지혜롭게 관리해야 하겠지요?
하나님께 받은 사명을 충실히 감당하며
심령 속에서 영생수가 솟아나기를 소망합니다.
하나님 우선순위의 삶을 살게 하옵소서.
오직 아버지 한 분만을 섬기며 살도록 도우시옵소서.